I0426009

# TÚ PUEDES ESCRIBIR UNA NOVELA ROMÁNTICA

**Un manual imprescindible tanto para quienes desean iniciarse en la escritura de novela romántica como para autoras ya consagradas**

José de la Rosa

Título original: Tú puedes escribir una novela romántica
Autor: José de la Rosa

1ª edición: septiembre 2013
© 2022, José de la Rosa
© 2013, José de la Rosa
© 2007, José de la Rosa

ISBN: 9781492241850

www.escritorprofesional.com
hola@escritorprofesional.com
Instagram: @josedelarosafr

# CONVIERTE TU PASIÓN POR LA ESCRITURA DE NOVELA ROMÁNTICA EN TU MODO DE VIDA.

Si después de leer este manual, **necesitas profundizar en la escritura de tu novela**, tienes a tu disposición mi curso:

## >>Triunfa con tu novela romántica<<

- 17 vídeos tutoriales, paso a paso.
- Materia didáctico descargable.

5 BONUS#:
- ✓ 1# Escribir son bloqueos
- ✓ 2# Aprende a trabajar el erotismo.
- ✓ 3# Cómo emocionar al lector
- ✓ 4# Cómo enviar tu novela a una editorial
- ✓ 5# Vivir de escribir

Escanea el código QR y obtén toda la información.

# 0. POR QUÉ LEER ESTE MANUAL

Empecé a escribir mi blog (www.josedelarosa.es/blog) porque quería contar mi experiencia como formador, como editor, como lector y como aficionado a la narrativa romántica en general. Me parecía una buena ventana donde exponer conocimientos, una buena forma de expresarme sobre impresiones, hallazgos, opiniones y ocurrencias. Poco más. Hoy sé que también puede ser un buen impulso para que muchas autoras (incluso para algunas que aún no sabe que lo son) tomen el lápiz y el papel, el teclado o la pluma, y conviertan en realidad sus ideas y sus sueños en forma de novela romántica.

*"La escritura es un camino muy bonito, pero lleno de baches y tropiezos si se recorre en solitario. Este material de José de la Rosa me allanó el recorrido para la creación de mi primera novela. Para mí se ha convertido en imprescindible y, aún hoy, sigo recurriendo a él para consultar mis dudas."*

**Olivia Ardey**, *es autora de "Dama de tréboles" (La esfera de los libros), "Delicias y secretos en Manhattan" (Editorial Éride), "Bésame y vente conmigo" (Editorial Versátil)*

También es esa la razón de ser del manual que tienes en tus manos. Se me ocurre pensar que te ha interesado por una de estas tres razones; o porque te gusta la novela romántica y alguna vez ha pasado por tu cabeza… ¿Sería yo capaz de escribir..?; o porque escribes novela romántica pero aún no has conseguido publicar y necesitas testar si lo estás haciendo correctamente; o quizá porque eres una autora de novela romántica que desea ampliar o cimentar tus ya sólidos conocimientos.

En cualquier de estos tres casos te puedo adelantar que has encontrado la guía ideal. Un manual que te acompañará, a través de una **metodología ampliamente testada** hasta escribir una novela romántica de éxito. Así es, porque **el objeto de este libro no es otro que, al terminarlo, tengas redactado el esqueleto completo y perfecto de una novela romántica que funcione y que tenga posibilidades claras de ser publicada.** Sí, una novela perfecta. Una novela de éxito. Y así lo atestiguan muchas alumnas que durante años han usado este método.

*"Se trata de un curso fundamentalmente práctico en el que la teoría, enfocada al género romántico, se ofrece en la dosis justa, y siempre acompañada de ejemplos bien escogidos. A destacar: 1) enseña un efectivo método de trabajo que sirve tanto a escritores que empiezan a narrar sin un plan previo, como a los que saben el final con puntos y comas antes de haber escrito la primera palabra; y 2) su enfoque, centrado en la novela romántica, lo convierte en una herramienta ideal de aprendizaje para las escritoras del género. Lo recomiendo al 100%".*

***Patricia Sutherland**, es autora de Princesa y la Serie Sintonías.*

*TÚ PUEDES ESCRIBIR UNA NOVELA ROMÁNTICA* recopila, amplía, actualiza y ordena los conocimientos teóricos y prácticos que durante años se han impartido en las aulas de escritura de La Máquina China. Es una guía práctica, repleta de ejemplos claros, de lecturas y ejercicios que te ayudarán a construir la novela que ronda por tu cabeza, o a descubrir qué es aquello que no encaja entre las que descansan en un cajón de tu escritorio. Digo que es un método testado porque muchos años de práctica así lo corroboran y porque por esos cursos han pasado algunas de las voces más importantes de la narrativa romántica en español del momento. Con este manual he querido crear una herramienta que te sea útil a la hora de escribir. Que te garantice que la novela que sale de tu pluma tenga la estructura y el argumento perfectos, que sus personajes sean sólidos y atractivos, y que, por supuesto, les vaya a interesar a los editores.

**Entre sus páginas encontrarás un itinerario paso a paso para construir tu novela.** Empezaremos con el argumento, descubriendo qué aspectos debemos tener en cuenta para encontrar ideas frescas que se conviertan en un sólido mapa sobre el que escribir nuestra historia. Hablaremos de los subgéneros y sus posibilidades como motor de cambio. Continuaremos con la estructura (quizá uno de los aspectos más difíciles de dominar en este universo impreciso que es la novela). Con una técnica infalible que crea novelas sólidas y adictivas y que deberás manejar a la perfección antes de empezar a saltarte la norma, porque como escritora tu misión es aprender y aprender, siempre más, probando nuevas formas. Trabajaremos a fondo las tramas secundarias, y también los personajes ya que estos son la acción. Conoceremos por lo tanto cómo construir un personaje romántico, cómo crear sus atributos, qué posibilidades tiene dentro de una historia, qué es el arco de transformación.

*"El curso de escritura de novela romántica de José de la Rosa es una herramienta de gran utilidad si se quiere crear una novela del género. Los métodos y técnicas que proporciona el curso me ayudaron a crear mi primera novela romántica con una buena estructura, una base definida y unos personajes muy bien caracterizados. Gracias a este curso y a los consejos que me ha dado su fundador sigo publicando y creando obras románticas que enganchan al lector."*

*__Ariadna McCallen__, es autora "El misterio del norte" (Editorial El Maquinista), "La rebelión de las brujas" (Editorial El Maquinista), "la danza de las brujas" (Editorial Doble M).*

No olvidaremos el tiempo y el espacio dentro de la narración. El espacio debe funcionar para que la novela funcione y tiene sus características y sus reglas, que debemos dominar. El tiempo también es un elemento maleable que nos dará dimensión a la obra y que es indisoluble de ella. Repasaremos en profundidad las técnicas de documentación pues documentar tus novelas es una de las facetas más laboriosas y a la vez apasionantes a la que vas a enfrentarte como escritora de novela romántica.

Hablaremos de los elementos narrativos, y por supuesto de cómo planificar la novela, cómo disponer cada una de sus partes, como organizarla. En ese momento tendremos ya todos los ingredientes necesarios para empezar a escribir nuestra novela. ¿Demasiados? ¿Demasiadas tramas, personajes, escenarios? Es el momento de planificarlos todos, como un gran mapa de carretera que nos permita llegar a buen puerto.

*"El curso con el que me inicié en la escritura. Los conocimientos que adquirí fueron y siguen siendo imprescindibles en mi carrera literaria. Acudo a ellos cada vez que planteo una nueva novela."*

**Ana Iturgáiz** *es autora de "Bajo las estrellas (Ediciones B, finalista del Premio Vergara),"Es por ti"(Z Bolsillo), "Acordes de seda" (Ediciones B).*

Veremos con detalle los elementos de un buen final. Sabemos que toda la tensión se resuelve (se relaja) en el clímax. ¿Qué debe suceder entonces después del clímax? Podremos terminar la historia como lo deseemos, pero en el género que hayamos elegido será imprescindible que los lectores se sientan satisfechos. A pesar de que muera uno de los protagonistas. A pesar de que termine con un desamor. Eso es un reto, un reto que te corresponde a ti asumir.

Continuaremos con una de los aspectos más importantes a los que debes enfrentarte como escritora: corregir. Corregir en una parte más de la escritura de una novela. No debemos verlo como algo independiente u opcional. La novela no está acabada hasta que no ha pasado por un exhaustivo y metódico proceso de corrección y eso es lo que aprenderemos aquí. Piensa en el tiempo que te ha llevado escribir tu novela, en el tiempo que has dedicado a crear el mapa de la obra. Pues bien, solo tendrás una oportunidad por editor. Si mandas la obra con deficiencias acabas de perderla.

*Sin duda, un curso fácil y ameno para aprender a escribir una novela romántica.*

*Pilar Cabero es autora de "A través del tiempo" (Editorial Heartmaker) ", "Tiempo de hechizos" (Editorial Heartmaker) "Asedio al Corazón" (Ediciones B),"Entre lo dulce y lo amargo" (Ediciones B)*

Para terminar nuestro manual, entraremos de lleno en cómo trasladar nuestro preciado manuscrito a manos de un lector. Iremos desde lo habitual a lo no tanto, encontrando fórmulas que existen y funcionan bien. Hablaremos de líneas editoriales, de agentes literarios, de cómo enviar un manuscrito a un editor, de autopublicación. Todas las claves y técnicas para seducir a un editor o para que nuestra novela llegue pronto a manos de los lectores.

Todo esto lo veremos con esquemas detallados, con gráficos, imágenes, ejemplos, lecturas y ejercicios que te ayudarán a comprender cada capítulo para que **al final de cada uno de ellos tu novela vaya siendo una realidad, se vaya construyendo paso a paso** más allá de tu imaginación.

*En el año 2008, me empeñé en escribir una novela. No una cualquiera, sino una romántica, como las que tanto me gustaba leer. Tenía la idea. El escenario. Incluso podía ver ante mí a los personajes. Pero me faltaba la técnica. Fue entonces cuando me apunté al Taller de novela romántica que impartía José de la Rosa. El método que empleaba en sus clases me pareció sencillo, claro y práctico.*

*Esos materiales de trabajo me enseñaron a organizar y estructurar el escrito, a documentarlo con rigor, a enriquecer la historia con nuevas ideas y puntos de vista diferentes. En definitiva a dar los pasos necesarios para construir una novela desde la base.*

*Ha pasado mucho tiempo desde aquel taller de escritura, pero cada vez que comienzo una novela vuelvo a repasar aquellos apuntes.*

***Lydia Leyte*** *es autora de "El fuego envuelve tu nombre (La máquina china), "Los ojos del bosque" (Editorial Manderley)*

Por último, un secreto. Antes de decidirme a publicar este manual debo confesarte que me asaltó la duda. Llevo años formando, editando, estudiando y organizando eventos relacionados con la novela romántica… pero nunca había escrito una. Sí, había escrito y publicado novelas, pero ninguna de ellas podría enclavarse dentro de este género. Quizá era porque conocía tan bien el género romántico que temía descubrir cada uno de mis fallos desde la primera página. Sí, a pesar de que la metodología de trabajo que aquí se presenta estaba más que probada por el gran número de autoras que han publicado una vez que lo han seguido, **me parecía inadecuado no testarlo en mí mismo**. Me parecía fuera de lugar escribir un manual como éste sin antes haber probado el método en mis propias carnes. Así que seguí cada uno de los pasos que tú vas a seguir. Los mismos. Al final salió una buena novela que titulé *"Siete razones para no enamorarse"* (también encontrarás aquí herramientas para lograr un buen título). Me resultó fresca, entretenida y muy centrada en el género. Así que, siguiendo el camino marcado en el último capítulo de este manual, la envíe a una editorial, a Harlequin Ibérica. Y al día de hoy forma parte de su catálogo y la puedes descargar AQUÍ.

*Por mucho talento que uno tenga, por bonita y emocionante que sea la historia de amor que uno quiere contar, no será publicable si no sigue unas reglas básicas. Esas reglas y otras cosas igualmente interesantes y provechosas son lo que aprendí en el taller de escritura de José de la Rosa. Sus enseñanzas son valiosas para todo el que quiera hacer de su afición, una profesión.*

**Nuria Llop** *su primera novela la publicará Círculo de Lectores en otoño de 2013*

Antes de terminar, me gustaría que una vez que termines de leer este manual, de escribir tu novela, no dejáramos de seguir en contacto. Me localizarás con facilidad en mi blog http://docerazones.blogspot.com.es/ donde intento ampliar estos contenidos, aprender de la experiencia de los lectores y ayudar y responder, en la medida de lo posible, a las autoras que como tú aman este género tan vilipendiado.

*"Gracias a José de la Rosa y sus cursos de escritura de novela romántica cumplí mi sueño. Ahora, con una novela publicada y otra que saldrá el año que viene solo puedo decirle: gracias, gracias y gracias. Las técnicas, consejos y lecciones de los cursos me dieron el empujóncito que me faltaba para dar el salto y arriesgarse a escribir una novela."*

**Carla Crespo**, *es autora de "No reclames el amor" (Harlequin Ibérica)*

Ahora respira hondo. Contén el aire unos segundos en tus pulmones y suéltalo lentamente. **Lo que tienes en tus manos es un camino.** Un nuevo camino, que cuando lo transites te dejará como resultado una **novela escrita por ti** y quizá una nueva profesión, la de escritora.

Ya solo queda una palabra: ¡Adelante!

# CONTENIDO

18

# 1. COSAS QUE DEBE SABER UNA AUTORA DE NOVELA ROMÁNTICA.

## a) Introducción

Este primer capítulo tiene por objeto situarnos. Sí, situarnos. Porque como autora de novela romántica debes saber en qué mundo participas. Esta primera parte es, por lo tanto, la más ligera y quizá la más alejada, en fin, de este manual, que tiene por objeto enseñarte técnicas para escribir una novela romántica de forma óptima.

Me gustaría que al terminar estos doce capítulos hubieras aprendido las reglas del oficio y sus herramientas. Podemos seguir en contacto a través de mi blog http://docerazones.blogspot.com.es/, pero para eso debemos comenzar por el principio.

## b) Para comenzar

Aun no siendo muy ortodoxos, podemos hablar de la existencia de un género centrado en la Novela Romántica, que tiene características propias y se divide a su vez en subgéneros claramente identificables.

Es difícil encontrar los límites que este género abarca ya que, como veremos más adelante, solo necesita de un ingrediente esencial; **tener una trama romántica como articuladora de la novela**. A partir de aquí nada más hay que mirar hacia atrás en la historia de la literatura para darnos cuenta de que nuestro ingrediente es el nexo de unión que articula el mayor número de producciones literarias de todos los tiempos. ¿Todas las novelas que tienen una historia de amor podemos clasificarlas como Novela Romántica? ¿Qué criterio aplicaremos para decir ésta *sí* o ésta *no*?

Y aquí empiezan los problemas, pues no tenemos más remedio que quedarnos con una definición. Tú, como escritora, y todos los demás como lectores, **debemos tener claro que hablamos de una misma cosa cuando pensamos en la Novela Romántica de hoy en día**, y de esa sola cosa tratará este manual que recorreremos juntos durante las próximas páginas.

Pero antes de definir a efectos de este manual qué es una novela romántica, vamos a dar un **rapidísimo paseo por la historia**, desde los albores de la Novela Romántica hasta nuestros días, lo que nos hará comprender mejor los conceptos claves del género y nos permitirá dilucidar su perímetro.

## c) Brevísima historia de "esta" novela romántica

Vamos a empezar con un gran salto, desechando todas las historias de amor desde el principio de los tiempos por haber sido desarrolladas en verso, e incluso aquellas primeras prosas helenísticas y romanas que después darían origen a la novela bizantina y pastoril. Incluso pasaremos por alto las historias de amor incluidas en la novela medieval (algunos autores apuntan al Romance como precursor de la Novela Romántica). Vamos a empezar por España y por los albores del renacimiento (siglo XV), donde nace la **Novela Sentimental**. Es quizá este subgénero el

26

primero reseñable. ¿De qué trata?, de guerreros inflexibles, fuertes y crueles, que se rinden y vuelven dóciles por amor a un dama. Sin duda nos encontramos ya ante un estilo tipificado en el que localizamos muchos de los ingredientes que conformarán el género siglos después.

Es sin duda este germen el que encontraremos en *Pamela* de Samuel Richardson (1689-1761), y en *La princesa de Cleves*, de madame de La Fayette (1634-1693). Ambas narran la historia de una joven virtuosa que consigue redimir a un hombre libertino por medio del amor.

Pero no nos engañemos; **cuando hablamos de Novela Romántica tal y como hoy se entiende hablamos de un género netamente anglosajón** (Reino Unido y Norte América), y es que el paso adelante lo daría Henry Fielding (1707-1754) con *Tom Jones*, aportando tres ingredientes fundamentales; **sentido del humor, picaresca, y sobre todo el perfil de una heroína no solo bella y angelical, sino divertida e ocurrente**, me atrevo a decir que superior al protagonista masculino. Desde este momento las cartas están echadas y la mesa dispuesta para que entre en acción la gran instauradora del género, Jane Austen. Porque indiscutiblemente es Austen la que porta la antorcha y la primera autora de lo que después llamaremos *Regency* o *Regencia*.

A partir de aquí, la novela sigue utilizando en mayor o menor medida **la trama amorosa como coagulante de la historia** (por ejemplo la *novela gótica*), y el género romántico ya no sería abandonado. Con la llegada del cine hay un trasvase de argumentos y en el periodo de entreguerras aparecen los primeros ejemplos de lo que sería la Novela Romántica tal y como hoy la conocemos, aunque aún carente de tono erótico e incluso sensual, y de la extensa diversificación en subgéneros que tenemos hoy en día (*Lo que el viento se llevó*, de Margaret Mitchell, o *La hermana de Ana*, de Eleanor Burford más conocida por sus pseudónimos Philippa Carr, Victoria Holt, Elbur Ford, Kathleen Kellow, Ellalice Tate o Jayne Plaidy). Es también en esta época cuando se funda Harlequin Enterprises Ltd, con su filial inglesa Mills & Boon, que desde 1909 era ya especialista en novelas románticas (por eso me pareció la editorial perfecta para editar mis *Siete razones para no enamorarse*). Y por supuesto cuando empieza a publicar Corín Tellado, una gran maestra del género a la que podemos achacar las mismas carencias y virtudes que a sus contemporáneas que antes reseñamos.

Es en los años 80 del siglo XX cuando la Novela Romántica entra en su Edad de Oro, con autoras que hoy podemos entender como las grandes del género y otras que nos sentimos reacios a admitir que pertenezcan a él (Danielle Steel), pero que cumplen todos los requisitos para ser brillantes novelistas de romántica: Rosemary Rogers (*Torbellino de pasión*, 1979), Kathleen E. Woodiwiss (*La Llama y la flor*, 1980), Danielle Steel (*Regreso al hogar*, 1980), Janet Dailey (*Una mujer especial*, 1981), Nora Roberts (*Adelia* , 1984), Dixie Browning (*Un verano delirante*, 1984), Margaret Way (*El Arco Iris mágico*, 1985), Anne Mather (*Semilla de duda*, 1985), Jayne Ann Krentz (*Fantasmas de carne y hueso*, 1987; que se haría conocida con su pseudónimo Amanda Quick), Penny Jordan (*Una mujer inaccesible*, 1986), Carole Mortimer (*Herencia maldita*, 1986), Diana Palmer (*Unas locas vacaciones*, 1986, también publica como Diana Blayne y como Susan Kyle), Johanna Lindsey (*Así habla el corazón*, 1986), Charlotte Lamb (*Violación*, 1986), Betty Neels (*Una vez para siempre*, 1986), Emma Darcy (*El amor no es un juego*, 1986), Barbara Delinsky (*Nueva identidad*, 1986), Barbara Andrews (*Cárcel de amor*, 1986), Judith McNaught (*Doble juego*, 1987), Jude Deveraux (*Hermana de hielo*, 1989), y también Barbara Cartland.

Desde ese momento y hasta nuestros días el género ha crecido y se ha enriquecido (Lisa Kleypas, Julie Garwood, Judith McNaught, Shirlee Busbee, Stephanie Meyer...), entrando en escena nuevas voces en lengua hispana (Jezz Burning, Megan Maxwell, Gabriela Margall, Caroline Bennet, Pilar Cabero, Lydia Leyte,...) y nuevos sellos en España e Hispanoamérica que tienen que responder ante lectores ávidos de historias de amor compactas, diferentes y felices. **Un gran campo de acción para nuevas autoras**.

Hasta aquí nuestra brevísima historia de la Novela Romántica, solo para abrir boca, basada en el estilo de las autoras. Todas se caracterizan por tener una voz propia. **Esa voz es la que tenemos que encontrar dentro de ti**.

## d) Definición de la Novela Romántica a la que se refiere este manual.

*Cualquier novela cuya trama principal y de forma destacada como para imprimir su carácter a la totalidad de la obra, sea una historia de amor, puede ser considerada novela romántica.*

Esta es la definición que se dio de Novela Romántica en las Primeras Jornadas sobre Novela Romántica celebradas en noviembre de 2007 en Sevilla. Yo añadiría algo más para que el concepto quede claro sin lugar a dudas: "escrita a partir de las tres últimas décadas del siglo XX hasta la actualidad". Por lo que nuestra definición quedaría así:

*Cualquier novela escrita a partir de las tres últimas décadas del siglo veinte cuya trama principal y de forma destacada como para imprimir su carácter a la totalidad de la obra, sea una historia de amor, puede ser considerada novela romántica a objeto de este manual.*

## e) ¿Qué posibilidades de publicar tiene una autora novel?

Con lo visto anteriormente, **¿Qué posibilidades tienes como autora novel de ser publicada por una editorial?** Y si ya has publicado **¿Cómo puedes posicionarte mejor de lo que estás?**

Para eso tenemos que conocer algunos datos del sector editorial, y más concretamente del mercado de la Novela Romántica, según el último informe de la Federación de Gremios de Editores de España.

1. La novela romántica es el segundo género de novela más editado por número de títulos, solo detrás de la narrativa contemporánea.
2. Se edita un 70% más de títulos de romántica que de novela policiaca (quizá la más de moda), y triplica a la Ciencia Ficción y el Terror.

3. Mueve una facturación de más de 42 millones de euros anuales.

A esto hay que sumar la aparición en los últimos tiempos de nuevos sellos y editoriales que van perfilando un mercado rico y variado (aún no comparable con el norteamericano), y que augura un futuro que se perfila brillante tanto para los lectores, como para editoriales, autores y librerías.

Pero, ¿cuántas editoriales tenemos en estos momentos publicando romántica en nuestra lengua? Veamos algunas de ellas:

Alfaguara
Alianza editorial
Books4Pockets
Círculo de lectores.
Cisne
De Bolsillo
Edaf
Ediciones B
Maeva
Martínez Roca
Mosaico
Parra
SM
Editora Digital
MC Editores
Esencia
Harlequin
La esfera de los libros
La erótica Booket
Factoría de ideas

La máquina china
La romántica Booket
Eride
Manderley
Nabla
Nefer
Nowevolution
Plaza&Janes
Punto de lectura
Rachel
RBA
Roca
Salamadra
Suma de letras
Temas de hoy
Terciopelo
Titania
Top Novel
Versátil
Vestales

Al menos todas estas editoriales pulicán romántica en nuestra lengua (hay más), y todas tienen necesidad de seguir publicando. El mercado de la Novela Romántica en España e Iberoamérica ha sido siempre un mercado de compra de derechos. Esto quiere decir que para que una editorial española o hispanoamericana publique a una autora norteamericana o británica, debe comprar los derechos de edición en castellano a la editorial o agencia literaria que los tenga por contrato. Una vez adquiridos, debe traducir la obra, y después empieza el proceso de edición.

Esto plantea tres peculiaridades básicas:

1. **El coste**: La compra de derechos es costosa y solo garantiza su amortización si los derechos que se adquieren son de una autora consagrada, ya publicada en nuestra lengua, o que ha conseguido una proyección internacional importante.

2. **Autoras Consagradas**: A esto hay que añadirle un problema importante, y es que las autoras consagradas (desde Keyplas hasta Busbee) tienen los derechos de sus obras futuras comprometidos para España e Hispanoamérica, por lo que la mayoría de los sellos que ves arriba no tendrán acceso a sus textos.

3. **Las pruebas**: esto obliga a las editoriales a comprar derechos de autoras extranjeras desconocidas en nuestros países (una forma de probar), con el consiguiente riesgo que supone la inversión ¿Y si no le gusta al público lector?

La solución a esta situación es la edición de autoras que escriban en castellano, ya que cada vez más las editoriales se dan cuenta de que el riesgo es similar al de editar a una autora de otra lengua (autora desconocida), y el riesgo económico mucho menor.

Pero para eso deben encontrar a autoras en lengua castellana que:

1. Dominen el género
2. Dominen la técnica narrativa

**Como autora novel de novela romántica estás ante una oportunidad única que no debes desaprovechar.** Como autora ya publicada, ahora es el momento de encontrar un lugar predominante en la Nueva Narrativa Romántica en nuestra lengua.

## f) ¿Qué sucede dentro de una novela romántica?

Desde mi punto de vista, lo más interesante de la novela romántica es el universo de posibilidades que ofrece a un autor desde una fórmula simplísima: (A+B+C).

A) Dos personajes se encuentran.
B) Se desencadena un conflicto (amoroso o no).
C) Se resuelve con un final positivo

Nada más. Dentro de este esquema compositivo, tú como autora deberás encontrar una idea original y una voz propia, por lo que debemos repasar con detenimiento estos conceptos, en apariencia tan simples, y de los que nos encargaremos en profundidad en los próximos capítulos de este manual.

1. **DOS PERSONAJES SE "ENCUENTRAN":** forzosamente nuestra historia debe estar centrada en la relación amorosa entre dos personajes, en el 99% de los casos, entre un hombre y una mujer. A partir de esta idea vamos a conocer una de las claves básicas de nuestra metodología. Por cuestiones prácticas vamos a diferenciar entre la **Trama Principal**, y la **Trama Romántica**.

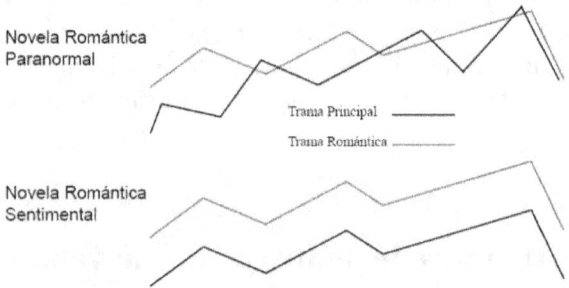

Como veremos más adelante, esto no es real y dependerá mucho del subgénero que elijamos a la hora de escribir nuestra historia, pero tú vas a planificar tu trabajo bajo este concepto. Concepto que estudiaremos a fondo en los capítulos 2 y 3.

Por ahora solo debemos saber que **la Trama Principal será la trama de la acción, mientras que la Trama Romántica será la trama de las personas** que se enamoran y tienen que solucionar un conflicto para que su relación funcione. Por supuesto existirán otras sub-tramas, siempre que sean necesarias y ayuden al "todo".

2. **UN CONFLICTO:** si no hay conflicto no hay novela. Más adelante veremos que las

posibilidades son inmensas y aprenderemos una técnica para cuantificar los conflictos. Debes tener claro que el éxito de tu novela se centra en el atractivo de tus personajes (no hablo de atractivo físico, sino de la capacidad de atrapar al lector), en la credibilidad de los conflictos (y por qué no, en su originalidad), y en la potencia de la historia de amor. Para sazonar todo esto tenemos otros recursos, como el erotismo, la acción, los subgéneros, etc. Pero **todo se articula sobre un conflicto en la Trama Romántica sólido y potente**. También desarrollaremos este punto en los capítulos 3 y 4.

3. **FINAL POSITIVO:** este punto no es completamente cierto. Por supuesto que existen novela románticas que terminan mal, francamente mal, pero **el lector debe acabar siempre con una sensación positiva**. Éste es otro punto clave que nos permitirá encontrar nuevos caminos más allá de un *final-boda*, nada desdeñable pero que, por supuesto, no el único. **El final de la historia debe ser positivo**, dejando una sensación en el lector de que algo bueno va a pasar para el resto de la vida de estos personajes (se queden juntos o no). Esto tan positivo tiene que estar relacionado con el amor o con la realización como personas de los protagonistas. Pero debemos rizar aún más el rizo; este final no solo debe ser positivo, sino que **llegar hasta él debe ser una aventura emocionalmente satisfactoria** y el lector debe sentirse bien. Sobre este punto trabajaremos en el capítulo 10.

Esto, básicamente, es lo que sucede dentro de una novela romántica. Según cómo lo manejemos tendremos un resultado fantástico o un resultado convencional. En nuestro caso vamos a por resultados fantásticos, por supuesto.

Aún tenemos un elemento más de apoyo que debemos dominar a la perfección y que tiene sus claves; el subgénero. Es tan importante conocer sus particularidades que merece un par de apartados.

## g) Subgéneros románticos

Los subgéneros románticos debemos entenderlos como *perchas* donde colgar nuestras historias.

Imagínate un argumento tan simple como éste:

*Él es propietario de una librería y ella la actriz más famosa del momento. Desde el momento que se conocen el amor hará que sus vidas cambien por completo (Notting Hill)*

Piensa ahora en las diferentes posibilidades que te ofrecen los subgéneros según donde *cuelgues* este mini argumento.

Es evidente que si a este mini argumento le das forma de novela chick-lit, tendrá novelada la película Notting Hill, pero **¿qué sucederá si con ese argumento adaptado hacemos una obra al estilo Regencia, o Paranormal, o Ciencia Ficción, o…?**

Por eso, a partir de ahora, debemos entender los subgéneros como herramientas de trabajo más que como meros escenarios donde ubicar las historias que surjan de nuestra imaginación, y **debemos replantearnos si el**

**primer subgénero que pasa por nuestra cabeza es el más adecuado para la historia que queremos contar.**

Hay ejemplos que ilustran bien esto que acabamos de decir:

1. Argumento de "Orgullo y Prejuicio"… más subgénero *Regencia*… igual a la novela **"Orgullo y Prejuicio"** de Jane Austen.
2. Argumento de "Orgullo y Prejuicio"… más subgénero *Chick Lit*… igual a la novela **"El diario de Bridget Jones"**, de.Hellen Fielding.

En *El diario de Bridget Jones*, algunos personajes mantienen incluso el mismo nombre que en la obra a la que al parecer se basa (como el protagonista, Darcy) y otros se transforman, pero en esencia, tratan el mismo argumento.

Se dice que "todas las historias que es posible imaginar son adaptaciones que ya estaban contenidas en la Ilíada de Homero", y quizá sea cierto. A ti, como escritora, este concepto te abre dos grandes posibilidades:

1. **Puedes adaptar un argumento externo**, desarrollado por otro autor, y ubicarlo en otro subgénero, con otras sub-tramas, para crear una obra nueva, fresca y diferente, como fue el caso de "El diario de Bridget Jones".
2. Dependiendo del subgénero en el que ubiques tu argumento, éste **puede pasar de ser bastante convencional, a convertirse en una historia potente**. Piensa en cómo funcionaría el argumento que ronda por tu cabeza en diferentes subgéneros, y qué adaptaciones tendrías que

hacerle para que funcionara. Esto siempre te aportará nuevas perspectivas y enriquecerá enormemente tus argumentos.

Sí, los subgéneros, cuando hablamos de novela romántica, son importantes. Por eso es necesario que demos un repaso a los más populares.

## h) Subgéneros más populares

❖ **Subgénero SEAL** (*Sea, Air and Land*): También conocido como romance militar. Aunque sus personajes son militares (él siempre, ella a veces), no debemos confundirlo con la *novela bélica*. Generalmente se articula en torno a misiones secretas cuya resolución salvará el honor de los protagonistas. Algunas autoras que lo trabajan son Suzanne Brokman, Dee Henderson, Lyndsay McKenna.

❖ **Subgénero Suspense romántico**: Es la evolución de la antigua novela gótica, aunque suele desarrollarse en el presente. Gira alrededor de la solución de un misterio cuyas pistas se irán jalonando a lo largo de la narración. dentro de este subgénero estaría el *Thriller romántico*. Algunas autoras que lo trabajan son Catherine Coulter, Linda Howard, Iris Johansen.

❖ **Subgénero Time Travel**: describe un viaje en el tiempo, normalmente de la protagonista, a cualquier tiempo del pasado o del futuro. Dependiendo de hacia dónde viaje, a partir de ese momento adquirirá parte de las particularidades de una novela Histórica o de Ciencia Ficción. Algunas autoras que lo trabajan son Diana Gabaldon, Jude Deveraux, Constance O`day-Flannery, Pilar Cabero.

❖ **Subgénero Sentimental**: se centra en la carga emocional de las relaciones, buscando siempre una reacción emotiva con el lector. Muchos autores masculinos cultivan este subgénero habitualmente exento de erotismo, y suele ser el favorito de lectores no aficionados a la novela romántica. Algunos autores que lo trabajan son Tara Heavey, Nicholas Sparks, Isabelle Desesquelle, Ángeles Ibirika.

❖ **Subgénero Paranormal**: Cuenta con la presencia de criaturas fantásticas como vampiros, hombres lobos, genios, fantasmas, brujas, apariciones o duendes, que se alejan del género Terror y pueden adquirir un tono que va desde lo tenebroso a lo frívolo. Algunas autoras que lo trabajan son Charlaine Harris, Linda Howard, Jezz Burning.

❖ **Subgénero Regencia**: Se trata de una novela histórica con características particulares, como el hecho de desarrollarse a principios del siglo XIX, de centrarse en las relaciones sociales, y sobre todo de articularse en torno al diálogo. Suele estar impregnada de sentido del humor, aunque también hay una línea más trágica. Trata habitualmente de uniones de conveniencia o trasvase de clase social. Aunque hay atracción y tensión sexual, no suele encontrarse sexo explícito entre los protagonistas. Algunas autoras que lo trabajan son Jane Austen, Mary Jo Putney, Jo Beberly.

* **Subgénero Chick Lit**: es la evolución del subgénero regencia. Se desarrolla hoy en día, con altas dosis de humor. La protagonista suele plantear los problemas habituales de un *single*. La trama suele centrarse sobre una historia de amor poco conveniente. Algunas autoras que lo trabajan son Lisa Jewell, Carole Mathews, Megan Maxwell.
* **Subgénero Contemporáneo**: es novela romántica que se desarrolla hoy en día. Suele tratar toda la problemática actual en la relación entre dos personas. A diferencia del *Chick Lit* la protagonista no tiene porqué ser una joven soltera e independiente económicamente. Tampoco se caracteriza por su tono humorístico. Algunas autoras que lo trabajan son Helena Nieto, Nora Robert, Linda Howard.
* **Subgénero Histórico**: su principal requisito es situar la trama en el pasado. A eso hay que sumarle todos los ingredientes de la *novela de aventuras*. A partir de aquí podemos subdividirla según la ambientación: colinas, escocia, medieval, western, árabes, vikingos, Grecia clásica, etc. Algunas autoras que lo trabajan son Suzanne Barclays, Lisa Kleypas, Julia Garwood, Ana Iturgaiz.
* **Subgénero SciFi** (Ciencia Ficción): se desarrolla en un futuro donde se han producido cambios gracias a los avances técnicos, científicos, sociales y culturales.

También puede desarrollarse en otros planetas, otros mundos, y debe haber una sólida historia de amor. Algunas autoras que lo trabajan son Linnea Sinclair, Stephany Meyer, Melinda Snodgrass.

❖ **Subgénero Fantástico**: se desarrolla en un mundo imaginario que no cumple las leyes de la naturaleza. A veces tiene el aspecto de una *Travel Time* donde un personaje accede a este mundo, a veces de una novela de *Ciencia Ficción*. Algunas autoras que lo trabajan son Jim C. Hines, Jo Graham, Maria V. Snider.

❖ **Subgénero Inspiracional**: celebra valores religiosos y espirituales, generalmente cristianos, pero también de cualquier otra religión o doctrina. Algunas autoras que lo trabajan son Duks Peterson, Rebecca Goings, Lisa Modello.

❖ **Subgénero Aventuras:** novelas centradas en la acción, que suelen desarrollarse en múltiples escenarios en los que el héroe pretende desvelar un misterio poniéndose en peligro. No es raro que el misterio sea expuesto por la heroína. La dificultad de los objetivos, los lugares ignotos, muy exóticos esotéricos, el relato pormenorizado de un paisaje extraño, la inclusión de detalles arqueológicos o naturales, y la descripción de otras costumbres son algunas de sus características más destacadas.

❖ **Subgénero Afroamericano:** suele centrarse en las relaciones entre personas afroamericanas y se sitúa comúnmente en áreas urbanas. Por lo demás cumple las directrices de cualquiera de los subgéneros con los que se mezclan Una variación de este género es el *Multirracial*. Algunas autoras que lo trabajan son Sandra Kitt, Brenda Jackson, Kayla Perrin.

❖ **Subgénero GLBT** (Gay, Lesbianas, Bisexuales y Transexuales): novelas románticas donde la historia implica amor entre personas gay, lesbianas, Transexuales y bisexuales. Estas historias pueden crearse bajo cualquier subgénero romántico. Existe un subgénero más intenso que es llamado *Yaoi*. Algunas autoras que lo trabajan son Kisa Starling, Mychael Black.

❖ **Subgenero Young Adult o Romántica Juvenil:** Se caracteriza por desarrollar historias de amor entre adolescentes. Sus medios habituales son institutos, lugares de ocio o reunión de adolescentes, etc. Suele tener las características de la novela sentimental y a veces entronca con el *paranormal* o el *Fantástico*. También podemos ver este subgénero como todo un género aparte. Autora que lo trabaja es Stephany Meyer.

❖ **Subgénero Romántico Erótico:** cualquier subgénero romántico con una vertiente erótica suficientemente importante como para marcar su contenido puede ser incluido en este título. La percha sobre la que se cuelga este subgénero, a pesar de la importancia del sexo, sigue siendo el amor, por lo que no debemos confundirla con la novela erótica. Algunas autoras que lo trabajan son Emma Holly, Robin Schone, Thea Devine, Encarna Magin.

## i) Características a tener en cuenta según subgéneros.

Si te fijas en los subgéneros que hemos descrito en el apartado anterior, verás que están desordenados.

Para ubicarlos de forma correcta, debemos buscar un hilo conductor que nos permita tratarlos a la hora de **enfrentarnos a ellos como escritores, no como lectores**.

Ahora, por cuestiones prácticas, vamos a hacer dos grandes grupos **dependiendo de cuál será la razón principal que tendrás que atender como escritora**. También habrá un tercer grupo mixto (en el centro) donde ubicarnos aquellos subgéneros que pueden compartir ambas características.

Vamos a verlo:

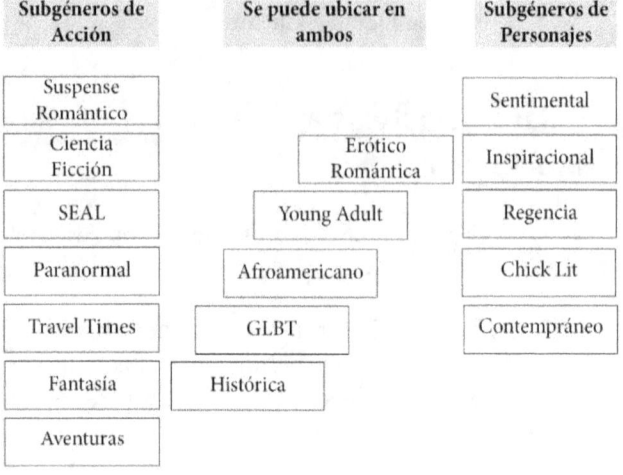

| Subgéneros de Acción | Se puede ubicar en ambos | Subgéneros de Personajes |
|---|---|---|
| Suspense Romántico | | Sentimental |
| Ciencia Ficción | Erótico Romántica | Inspiracional |
| SEAL | Young Adult | Regencia |
| Paranormal | Afroamericano | Chick Lit |
| Travel Times | GLBT | Contempráneo |
| Fantasía | Histórica | |
| Aventuras | | |

Evidentemente, la novela en general y el género romántico en particular, **se articula en torno a una mezcla de acciones y de relaciones entre los personajes**, pero también es cierto que (por ejemplo) la clave del éxito en una novela de aventuras se centra en cómo tratemos la acción, y la clave del éxito en una novela sentimental se halla en cómo enfoquemos la relación entre los personajes.

Tú, como escritora, dependiendo del subgénero que elijas para cada obra, deberás cuidad con especial atención este aspecto.

1. **Subgéneros de acción**: en este grupo contaremos todos aquellos subgéneros cuya clave a la hora de desarrollarlos sea la acción. Se enclavan en esta categoría novelas en las que la trama principal y la

romántica están diferenciadas, por lo tanto, **la trama gira en torno a los acontecimientos**.

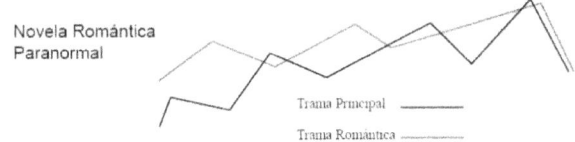

2. **Subgéneros de personajes**: en este grupo contaremos todos aquellos subgéneros cuya clave a la hora de desarrollarlos es la relación entre los personajes. Se enclavan en esta categoría las novelas en las que la trama principal y la romántica son una sola (aunque nosotros las diferenciaremos a nivel práctico), por lo tanto, **la trama gira en torno a los conflictos entre los personajes**.

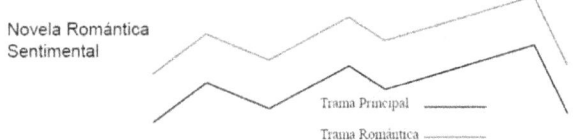

3. **Subgéneros que se pueden ubicar en ambos**: en este grupo contaremos todos aquellos subgéneros cuya clave a la hora de desarrollarlos podemos enfocarla desde el punto de vista de la acción, tanto como desde el punto de vista de las relaciones entre personajes.

Por supuesto, podemos trasvasar cualquiera de estos subgéneros de una columna a otra, pero debemos ser conscientes de las deficiencias que puede tener la obra. Por ejemplo, piensa en una novela de suspense romántico en la que decides centrar la trama en la relación entre personajes (sus diálogos de amor, sus encuentros y desencuentros, etc.), en vez de en la acción. El resultado puede ser una obra aburrida para las expectativas que el lector tiene con el subgénero.

## j) Más sobre los subgéneros

Por último, vamos a tener en cuenta otros puntos importantes que debemos dominar como escritores de novela romántica. **Son los puntos fuertes y los puntos débiles de cada subgénero.**

Entenderemos como **puntos fuertes aquellos que debemos reforzar** para encajar nuestra obra de forma correcta dentro del subgénero.

Entenderemos como **puntos débiles, aquellos en los que es fácil que caigamos, pero que debemos evitar** para que la novela sea sostenible.

Los vemos en el siguiente cuadro:

| SUBGÉNERO | CLAVE | P. FUERTE | P. DÉBIL |
|---|---|---|---|
| Suspense Romántico | Acción | Control del suspense, dosificándolo en capítulos y escenas. | Que el lector descubra los hilos de la trama antes de tiempo. Falta de cobertura de expectativas. |

| Ciencia Ficción | Acción | Explicación científica a los hechos de futuro | Pérdida de la historia de amor |
|---|---|---|---|
| SEAL | Acción | Canto al honor | Belicismo |
| Paranormal | Acción | Credibilidad de los personajes como seres paranormales | Poco creíble |
| Time Travel | Acción | Que sean creíbles las reacciones del personaje en la nueva época | El contrario a su punto fuerte |
| Fantasía | Acción | Que el mundo creado se dosifique adecuadamente y sea sólido | Falta de credibilidad y solidez |
| Aventuras | Acción | La agilidad | Dilución de la historia de amor |
| Sentimental | Relaciones entre personajes | La especial relación entre los personajes | Pasividad |
| Inspiracional | Relaciones entre personajes | El desarrollo de valores espirituales | Debilidad de la historia de amor a causa del tema |
| Regencia | Relaciones entre personajes | Humor y diálogos inteligentes | Personaje femenino demasiado enclavado en valores caducos |
| Chick Lit | Relaciones entre personajes | Transmitir con humor las inquietudes de una *single* | Exceso de frivolidad o caer en situaciones poco creíbles |
| Contemporánea | Relaciones entre personajes | Transmitir una realidad identificable | Que el dramatismo solape la |

| | | | historia de amor |
|---|---|---|---|
| Erótica Romántica | Ambas | Conseguir mantener el clímax erótico a lo largo de toda la novela | Perder la historia de amor. |
| Young Adult | Ambas | Adecuarse a la edad de los personajes | Caer en el infantilismo. |
| Afroamericana | Ambas | Conocer las claves de cada comunidad | Pérdida de perspectiva étnica |
| GLBT | Ambas | Respeto por la diferencia | Frivolizar sobre opciones sexuales |
| Histórica | Ambas | Documentación | Elementos ajenos a la época tratada |

## k) Extensión

Otro punto clave se refiere a la extensión que debe tener una novela romántica.

Cuando mandamos una obra a una editorial para su valoración, es muy habitual recibir una carta donde se dice que *la novela no se adecua a la línea editorial.* Pues bien, por experiencia sé que una de las razones de esa falta de adecuación es tener una extensión inadecuada.

Vamos a ver qué extensión debe tener una novela romántica:

❖ **Novela corta** (tipo Harlequin): entre 50.000 y 90.000 palabras.

❖ **Novela larga**: a partir de 100.000 palabras.

# l) Voz propia

La grandeza de las grandes autoras de novela romántica no es otra que **la capacidad de haber encontrado una voz identificable dentro de los diferentes subgéneros que cultivan**. Piensa en Lisa Kleypas o en Stephanie Meyer y verás que serías capaz de identificar una obra suya aunque no te dijeran el nombre de la autoras.

Eso es lo que debes encontrar tú como escritora; una forma de expresarte diferente, reconocible y con características propias.

Pero **¿cómo hacer esto?** Prueba alguna de estas cuatro técnicas:

1. **Copiar la forma de escribir de las grandes autoras para después buscar tu propia voz**. Ésta es una traslación del aprendizaje en la pintura. De esta forma, como hace Lisa Kleypas, debemos saber describir a los personajes con breves apuntes y según sus acciones, o manejar la trama con la misma maestría que la maneja Johanna Lindsey.
2. **Potenciar nuestras diferencias**, aquellos caminos que hemos detectado a la hora de escribir y que son nuestros, propios.
3. **Buscar nuevas formas de contar**, de ver, de decir, de describir, de estructurar.
4. **Investigar en nuevos subgéneros**.

## m) Tópicos a descartar

Por último, **debemos huir desde este mismo instante de los tópicos habituales** que forman parte de la novela romántica, como otros lo forman de otros géneros literarios. Repasemos algunos con un poco de sentido del humor:

1. Observa que en novela romántica un alto porcentaje de heroínas tienen el cabello cobrizo y los ojos color ámbar... intenta que las tuyas sean diferentes.
2. Los aromas: ellos huelen a sándalo (ignoro cómo es posible por ejemplo en un *highlander*) y ellas a lavanda.
3. La expresión "*se mordió el labio inferior antes de hablar*". Lugares comunes de este tipo se repiten en demasiadas novelas.
4. Escenas eróticas repetidas. Si te fijas con atención, hay autoras que repiten una y otra vez las mismas escenas eróticas en distintas novelas, con los mismos pasos y los mismos resultados expuestos de la misma manera. Esta es una de las claves para que la escena deje de ser erótica.
5. La cicatriz en el rostro. Suele ser habitual que el protagonista la tenga. Me temo que esto puede ser una excusa de la autora, avergonzada por haber descrito a un personaje tan perfecto.
6. El físico de los protagonistas suele seguir un mismo patrón descriptivo.
7. La protagonista suele ser muy liberal en cuanto a su sexualidad, pero también muy casta... ¿Cómo?

8. El consumo de alcohol por parte del héroe en las situaciones de estrés. Que evoluciona en romper el vaso cuando la situación es de mucho estrés.
9. La obsesión de algunas autoras en que sus protagonistas en novelas actuales o históricas sean vírgenes, aunque sea a costa de la coherencia de la historia.
10. Clones. Hay autoras cuyos héroes son siempre iguales.
11. Las protagonistas se sonrojan y hacen el ridículo nada más ver al héroe (tropiezos, tartamudeos o sonrojos), mientras ellos permanecen serios o burlones dominando plenamente la situación.
12. Uno es más rico que la otra o viceversa. Esto es un trasvase del "ascenso de clases" propio de la novela Regencia, que se ha estereotipado pasando a otros subgéneros.

## n) Resumen del capítulo 1

1. El objeto de este capítulo ha sido el de situarte dentro de la narrativa romántica.
2. Cualquier novela escrita a partir de las tres últimas décadas del siglo veinte cuya trama principal y de forma destacada como para imprimir su carácter a la totalidad de la obra, sea una historia de amor, puede ser considerada novela romántica a objeto de este manual.
3. En este momento las editoriales busca autoras en lengua castellana que dominen el género y la técnica narrativa.

4. La estructura es simple: dos personajes se encuentran, hay un conflicto y se solventa con un final positivo.
5. Debemos diferenciar entre la trama principal y la trama romántica.
6. El lector debe terminar la lectura de nuestra novela con una sensación positiva.
7. Debemos entender los subgéneros como perchas donde colgar nuestras historias.
8. Dependiendo del subgénero donde ubiques tu argumento, éste puede pasar de ser bastante convencional a convertirse en una historia interesante.
9. Debemos conocer en cada subgénero cuáles son sus puntos fuertes y cuáles sus puntos débiles.
10. La extensión de una novela romántica va desde las 60.000 palabras de media para las cortas a las 150.000 de media para las largas.
11. Debemos encontrar nuestra voz propia y huir de los tópicos del género.

## ñ) Algunos ejercicios para cimentar los conocimientos de este capítulo

### LECTURA:

*—¡Will —gritó tambaleándose sobre la arena. Corrió hacia el bote indiferente al agua que se filtraba por sus botas—. Will...*

*Con la respiración entrecortada se abrió paso hasta el bote y lo rodeó con sus brazos.*

*—Estás ardiendo —lo estrechó contra su hombro, y su voz se quebró cuando las yemas de sus dedos*

descubrieron las marcas de los latigazos que aún cruzaban su espalda. Algunas tenía gruesas costras, otras rezumaban como si se acabaran de abrir con el aire salado—. Gracias a Dios que estás vivo.

—Estoy bien, Teddie –respondió, y su voz sonaba débil como si estuviera agotado de vivir—. No llores, Teddie.

—Yo nunca lloro –susurró ella mientras reprimía las lágrimas gracias a una pura fuerza de voluntad—. ¿Te dan de comer?

—Algo –Tragó saliva, su respiración era superficial como si sus costillas le dolieran con cada inspiración—. Lo suficiente como para tirar de las cuerdas o reparar las velas. Pero no lo suficiente como para poder escapar.

—No intentes escapar, Will. Aunque creas que tienes la fuerza para hacerlo, prométeme que no lo intentarás. Te matarían.

Sus bellos rasgos se cubrieron de tristeza. Él tragó saliva con dificultad y respondió.

—No me obligues a prometerte tal cosa, Teddie. Por favor, no lo hagas.

*Al amparo de la noche*, de Kit Garland (Editorial EDAF)

1. Observa detenidamente cómo se puntúan los diálogos directos por medio de guiones. Fíjate en los espacios entre guion y palabra. Ésta es la forma correcta. Su error ortográfico suele ser una de las erratas más habituales que solemos cometer al mandar textos a una editorial.

Veremos cómo funcionan y se construyen diálogos en el capítulo 8.

2. Imagina el argumento de una novela romántica paranormal. No importa que se trate de una novela que hayas leído hace poco. Escribe el argumento en pocas líneas. Separa la Trama Principal de la Trama Romántica, escribiendo una debajo de la otra.

3. Selecciona cualquiera de los mini argumentos que seguro rondan por tu cabeza. Elige tres subgéneros diferentes y adapta ese mini argumento a cada uno de ellos. Haz las adaptaciones necesarias para que encajen bien según las características propias de los subgéneros seleccionados.

4. Define cuáles serán los puntos fuertes y los puntos débiles de cada uno de estos tres mini argumentos que has creado.

5. Elige ahora uno cualquiera de esos tres mini argumentos y contéstate a las siguientes preguntas: ¿Quiénes son él y ella? ¿Cuál es el conflicto de la trama? ¿Cuál será su final positivo?

6. Lee de nuevo la lectura que aparece al principio. Reescríbela, buscando tu propia voz.

# 2. LA ELECCIÓN DEL ARGUMENTO

## a) Introducción

En este capítulo, vamos a centrarnos en cómo elegir el argumento de nuestra novela y en qué aspectos debemos tener en cuenta para que se convierta en un sólido mapa sobre el que escribir nuestra historia.

Para empezar no tenemos más remedio que responder a una pregunta ¿Qué tipo de escritora eres? ¿Escribes con brújula o lo haces con mapa? Te damos las respuestas posibles, ¿con cuál de estas dos te identificas?

1. **Escribir con brújula**: son aquellos escritores y escritoras que empiezan una obra a partir de una idea y van construyendo la novela dependiendo de la dirección que van tomando la trama y los personajes. En definitiva, la novela se construye con cada frase escrita, sin un plan previo.

2. **Escribir con mapa**: son aquellos escritores y escritoras que planifican hasta el último detalle de una novela antes de empezar a escribir: los capítulos, las escenas dentro de los capítulos, el perfil y actitud de los personajes, los escenarios, etc. en definitiva, la novela está perfectamente definida antes de empezar a escribir.

**¿Cómo la haremos en nuestro manual?** Aquí pretendemos enseñarte a trazar un mapa y a saber guiarte dentro de él con tu brújula interior.

## b) La búsqueda del punto de partida

**¿Por dónde empezar?** En principio tienes ya lo más valioso; tu creatividad y las ganas de ejercitarla que te han llevado a comprar un libro como éste. Pero también es posible que tengas historias a medio terminar, a medio empezar, guardadas en algún cajón. Historias que rondan por tu cabeza desde hace tiempo y que aún no has transcrito, historias que te han contado, historias de películas que te han gustado, de novelas, de obras de teatro. Empecemos por todas esas historias. Por esas historias, tuyas o prestadas, que te seducen por algún motivo.

**PASOS A SEGUIR:**

1. **Buscar todas las historias que te rodean en este momento**; las que tienes anotadas en cuadernos olvidados, las que merodean por tu cabeza pero no terminas de transcribir, las que te ha atrapado en el cine, en otra novela, en la vida real.

2. Y ahora viene lo más difícil; **debes transcribirlas en no más de cinco líneas**. Es posible (lo veremos luego) que para conseguirlo tengas que empezar con un largo texto descriptivo del argumento. Está permitido. Te servirá para conocer bien la historia. **Pero después debes reducirlo, insistimos, a tan solo cinco líneas.** Una clave para hacerlo es que en cinco líneas cuentes el arranque de la novela, una brevísima descripción de los personajes, el conflicto, y quizá apuntes el clímax y el final.

3. **Pasa la historia a una ficha y guárdala** en una caja, en un cajón, en un archivador, etc., que a partir de ahora llamarás tu **Archivo de Argumentos**.

## ¿Qué es un ARCHIVO DE ARGUMENTOS?

Como escritora, y en tu caso como escritora de novela romántica, debes llevar un registro de los argumentos que, o salidos de tu cabeza, o percibidos a través de otros medios (lectura, visionado, sensaciones) van a ir formando pequeños tapones a tu creatividad. Para descongestionarnos, debemos transcribirlos en fichas y archivarlos, de esa forma los tendremos controlados y localizados para usarlos en futuras novelas como trama principal o secundaria, y no estarán deambulando o por nuestros cajones o por nuestra mente.

Pero también puede ser que en estos momentos no tengas ninguna de esas ideas deambulando por la cabeza ni por los cajones. Puede ser que hayas terminado hace poco una novela y hayas quedado exhausta y, por qué no, vacía de argumentos.

*TRUCO: los mayores expertos en resumir argumentos son los redactores de las guías de televisión. Visita cualquiera de ellas, en papel, también on-line (por ejemplo http://www.elpais.com/parrillatv/ ), verás cómo son capaces de resumir el argumento de una película en 3 líneas.*

**En ese caso partimos de un Archivo de Argumentos vacío. ¿Dónde los encontramos entones?**

Observa ahora la novela como una pieza de tela tejida de múltiples colores. Podemos empezarla por cualquiera de esos hilos sueltos que aparecen en los extremos. Tú, como escritora, debes tirar del hilo que más te guste en este momento, o del que más te inspire. Estos hilos tomarán el nombre de los *Personajes*, el *Argumento*, las *Ganas de escribir*, un *Esquema de la composición*, algo que nos *Preocupa o nos obsesiona*, una *Idea cualquiera*. A partir de aquí podremos crear nuevos argumentos para tu archivo.

- **El personaje**: es posible que lo primero que acuda a tu mente, antes de tener claro cuál será el argumento de tu novela, sea un personaje. Es posible que imagines a una mujer, cercana a los cuarenta, morena, sin demasiados atractivos físicos, que trabaja como responsable de seguridad en la CIA. ¿La ves? Puede ser un buen comienzo. Investiga en tu mente sobre ella, descubre dónde vive, cómo vive, qué le gusta o desagrada… pronto aparecerá una historia de amor.
- **El argumento**: puedes empezar tu novela imaginando un argumento. Por ejemplo; *Belle es una mujer comprometida con la causa surista durante la guerra civil americana, pero tiene la mala suerte de enamorarse del yankee que está persiguiendo hasta la muerte a sus hermanos*. Aquí está lo básico: los protagonistas y el conflicto. Ahora todo esto hay que llevarlo a un final positivo.
- **Las ganas de escribir**: también es posible que partas nada más y nada menos que de unas inmensas ganas de escribir. Hazlo. Empieza. Ahora, sin demora. Deja que

surjan las palabras. Deslavazadas. Te aseguro que pronto tomarán la forma de una historia. Cuando la tengamos, seguiremos trabajando.

- **Un esquema de la composición**: otras veces el pistoletazo de salida viene dado no por lo que queremos decir, sino por **cómo** queremos decirlo. Por ejemplo; te apetece contar una novela que se base en la unidad de espacio y tiempo. Que transcurra en un solo día, en el interior de una casa de campo. A partir de aquí empezaremos a trabajar, buscando qué trama es la que puede hacer atractiva al lector la lectura de este reto de limitaciones, ¿en qué subgénero la enclavamos (de pronto me parece interesante el *paranormal*)?, ¿qué personajes participarán?

- **Algo que nos preocupa o nos obsesiona**: la semana pasada tuviste un malentendido en tu trabajo o con una amiga, que te aguó el fin de semana. Ya tienes un tema para montar una novela romántica. El conflicto puede ser una serie de malentendidos encadenados. ¿Una *Chick Lit*? sería divertido. ¿Una de *Suspense Romántico*?

- **Una idea cualquiera**: la escasez de agua en el mundo. Es un buen principio. Indaga sobre eso, documéntate. ¿aparece ya una historia por tu cabeza? *Una doctora en Kenia ha decidido…*

## c) Otros puntos Básicos

Ya sean nuestros mini-argumentos, nuestro archivo o los personajes de la novela, ya sean las ganas de escribir, el esquema de composición, ya sea algo que nos preocupa o que nos obsesiona, o un idea cualquiera, el caso es que **ha llegado la hora de que tengas una idea básica para la novela que vas a escribir mientras sigues avanzando con este manual**. Dedica unos minutos a meditar sobre ella. A esbozarla. A perfilar en pocas líneas su contenido.

Esta **idea básica de tu novela** será nuestro trampolín de lanzamiento, y debe ampliarse sobre algunas cuestiones fundamentales para conocer cómo avanzar en nuestra novela, ¿Por dónde avanzamos?

- Debemos saber cuál es el conflicto que se convertirá en el motor nuestra novela.
- Debemos saber cuál será el tema principal de la novela.
- Debemos saber quiénes serán los protagonistas.
- Debemos saber dónde y cuándo se desarrollará nuestra novela.
- Y sobre todo… debemos experimentar.

Sí, sobre todo **experimentar**.

Muchas veces solemos quedarnos con la primera idea, sin darle más vueltas a todos estos aspectos. Veamos con un ejemplo cómo podemos enriquecer una historia intercambiado conceptos (algunas veces repetidos) y combinándolos con otros.

60

| CUÁL ES EL CONFLCITO | QUÉ TEMA | QUIÉNES | DÓNDE CUANDO |
|---|---|---|---|
| Ella se enamora, él tiene una enfermedad terminal | El amor ante la muerte | Una doctora y un paciente | Hoy en día, en Londres |

**ARGUMENTO 1**: *En Londres, una doctora se enamora de un paciente con una enfermedad terminal. Llega a dejar su trabajo para cuidarlo. El sacrificio se recompensa con la sanación.*

| | | | |
|---|---|---|---|
| Ella se enamora, él tiene una enfermedad terminal | El orgullo | Una maestra y un rico grajero | En Nueva Orleans, a principios del siglo XIX |

**ARGUMENTO 2**: *En Nueva Orleans, una maestra se entera de que el hombre más orgulloso del pueblo tiene una enfermedad terminal. Ella luchará para salvarle, pues tiene una deuda que pagarle. Pero lo que empieza siendo una obligación de honor, termina siendo una gran pasión.*

| | | | |
|---|---|---|---|
| Ella se enamora, él tiene una enfermedad terminal. | El orgullo | Una doctora y un paciente | En Egipto, 1.500 años antes de Cristo |

**ARGUMENTO 3**: *En el antiguo Egipto, una sanadora es requerida por el joven faraón para curarlo de una rara enfermedad. Ella no acude, pues ha jurado servir únicamente a los más necesitados. Esta relación, que comienza con un pelotón de soldados llevando a la orgullosa doctora ante el rey, terminará en una apasionante historia de amor.*

Observa que podemos repetir argumentos, personajes, incluso temas, pero **con una perspectiva diferente tendremos una historia diferente**.

Tú, como autora, debes trabajar estas combinaciones, buscar otros puntos de vista, centrarte en otros temas. Otras épocas. Observarás cómo tu historia se transforma, toma una nueva dimensión, se convierte en algo diferente.

Pero avancemos un paso más en la construcción de tu novela. Ahora necesitamos seguir definiendo la historia. ¿Cómo la hacemos? Pues así, por medio de preguntas.

| FICHA PARA LA DEFINICIÓN DE ASPECTOS BÁSICOS DE LA NOVELA | |
|---|---|
| **PREGUNTAS SOBRE EL TEMA** | |
| ¿Cuál es el tema principal? | |
| ¿Cuáles son los temas secundarios? | |
| **PREGUNTAS SOBRE EL CONFLICTO** | |
| ¿Cuál es el conflicto amoroso? | |
| ¿Hay otros conflictos? ¿Cuáles? | |
| ¿Cómo vamos a presentar los hechos? | |
| ¿Habrá tramas secundarias? ¿Cuáles? | |
| ¿Estarán las tramas secundarias relacionadas con los temas secundarios? | |
| ¿La enclavaremos en algún subgénero? | |
| **PREGUNTAS SOBRE LOS PERSONAJES** | |
| ¿Quiénes serán los protagonistas? | |
| ¿Cuál será su caracterización? | |
| ¿Cómo se relacionarán entre ellos? | |
| **PREGUNTAS SOBRE EL TIEMPO** | |
| ¿En qué época se desarrollará? | |
| ¿En cuánto tiempo? | |
| ¿Cómo acotaremos el paso | |

| del tiempo? | |
|---|---|
| ¿Cuánto sé de la época histórica o ficticia? | |
| **PREGUNTAS SOBRE EL ESPACIO** | |
| ¿Cuántos escenarios tendrá? | |
| ¿Qué importancia tendrá el espacio y la ambientación? | |
| ¿Trabajarás por escenarios? | |

La **FICHA PARA LA DEFINICIÓN DE ASPECTOS BÁSICOS DE LA NOVELA** es muy útil para aclarar ideas. Vamos a rellenar una para que la veas.

Lo haremos con el ARGUMENTO 3, el que hemos visto antes, ya que me resulta el más atractivo.

| **FICHA PARA LA DEFINICIÓN DE ASPECTOS BÁSICOS DE LA NOVELA** | |
|---|---|
| **PREGUNTAS SOBRE EL TEMA** | |
| **¿Cuál es el tema principal?** | 1. El orgullo |
| **¿Cuáles son los temas secundarios?** | 2. Los principios firmemente arraigados<br>3. Cómo el amor puede llegar a tranformarnos |
| **PREGUNTAS SOBRE EL CONFLICTO** | |
| **¿Cuál es el conflicto amoroso?** | Él representa para ella exáctamente el tipo de hombre que detesta. Jamás podría enamorarse de un hombre así. |
| **¿Hay otros conflictos? ¿Cuáles?** | Sí, la enfermedad del Faraón. |
| **¿Cómo vamos a presentar los hechos?** | De forma lineal, sin *flash back*. Recurriendo a los diálogos cuando haya que aclarar hechos del pasado. |

| | |
|---|---|
| **¿Habrá tramas secundarias? ¿Cuáles?** | 1. Una epidemia que asola a la población<br>2. Una invasión enemiga |
| **¿Estarán las tramas secundarias relacionadas con los temas secundarios?** | El tema secundario 2 estrá vinculado con la trama principal y con la trama secundaria 2. El tema secundario 3, estará vinculado con la trama principal y con la trama secundaria 1 |
| **¿La enclavaremos en algún subgénero?** | Será Histórico, pero posiblemente utilice recursos del suspense romántico para acentuar la intriga. |
| **PREGUNTAS SOBRE LOS PERSONAJES** | |
| **¿Quiénes serán los protagonistas?** | ELLA: es una sanadora que ha jurado atender a los más necesitados<br>ÉL: es el joven faraón y aquejado de la enfermedad producida por una maldición |
| **¿Cuál será su caracterización?** | ELLA: pequeña, delgada, atractiva, enérgica de carácter. Muy orgullosa<br>ÉL: guerrero, rudo, noble y fiero |
| **¿Cómo se relacionarán entre ellos?** | Muy mal al principio. La relación va evolucionando hasta que en el punto culminante llegan a entender sus peculiaridades |
| **PREGUNTAS SOBRE EL TIEMPO** | |
| **¿En qué época se desarrollará?** | En Tebas, Egipto, 1500 a.C. |
| **¿En cuánto tiempo?** | Un mes, en la época de sequía en Egipto |
| **¿Cómo acotaremos el paso del tiempo?** | No lo acotaré. El lector debe entenderlo por detalles dentro de la narración |
| **¿Cuánto sé de la época histórica o ficticia?** | Poco. Debo documentarme sobre ese periodo concreto. |
| **PREGUNTAS SOBRE EL ESPACIO** | |
| **¿Cuántos escenarios tendrá?** | Aún no lo sé, pero serán la parte más humilde de la ciudad, el palacio, el desierto, el río. |
| **¿Qué importancia tendrá el espacio y la** | Mucha, ya que contribuirá al exotismo de la novela. |

| ambientación? | | |
|---|---|---|
| ¿Trabajarás escenarios? | por | Sí. Quiero que sea muy cinematográfica, y como en el cine quiero definir muy bien las escena según escenarios. |

## d) Historia y narración

**Hasta ahora hemos trabajado en la identificación de un argumento.** Tenemos una idea bastante clara de lo que queremos escribir, sabemos que por cuestiones metodológicas vamos a diferenciar entre una Trama Principal y otra Romántica. Sabemos que podemos trazar otras sub-tramas que no solo enriquecerán la novela, sino que nos permitirán abordar otros temas o aspectos diferentes del tema principal.

Ahora debemos hacer un alto antes de seguir y aclarar dos puntos básicos:

1. Por un lado tenemos la **historia**.
2. Por otro lado tenemos la **narración**.

Debemos conocer muy bien los límites y cuáles son los elementos que componen cada uno de ellos.

**LA HISTORIA:**

- **Suele tratar un Tema**: ya lo hemos vito. Es como la materia prima. Algo que subyace y que puede ser o no evidente. Por ejemplo, en la novela "Alma" de Bel Frances el tema es "Supervivencia o amor". Esto permitió a la autora hablar de la lucha de clases, la situación de la mujer en la Revolución

Francesa, el amor como fin de todas las cosas, etc.

- **Se articula en una Trama**: es la percha sobre la que se sostienen los acontecimientos de la novela. Una sucesión de acciones. Entre uno y otro se sitúa la intriga a modo de ensamblaje. En la novela romántica trabajaremos con varias intrigas que construiremos por separado para después ensamblarlas.
- **Está vista desde un Enfoque particular**: ¿desde qué punto de vista contaremos nuestra novela y con qué voz la contaremos? El enfoque no tiene por qué ser ´único. Puede haber un recorte de prensa donde un periodista nos cuente una parte de la trama, una carta, diálogos... para ello debemos tener claro quién cuenta nuestra historia.

## LA NARRACIÓN:

- **Se articula por medio de Personajes**: el personaje es la acción, como veremos unos capítulos más adelante. la dirección de la acción en una novela la marcan los personajes principales, se sostendrá con los personajes secundarios y la recrearemos con los personajes ambiente.
- **Se enclava en un Espacio**: es el límite físico donde se desarrolla nuestra novela. Pueden ser uno o muchos y debemos conocerlos todos al detalle.
- **Se sitúa en un Tiempo determinado**: es la época y el tiempo en que transcurre la novela. Puede ser un día, un año, toda una

vida, incluso varias vidas. Debe estar acotado para que el lector se ubique, lo que no significa que se haga de forma explícita.

*La HISTORIA es lo que sucede en nuestra novela, y la NARRACIÓN es cómo lo contamos.*

## e) Ampliar el argumento.

Una vez que tenemos nuestro mini argumento, debemos ampliarlo para hacerlo más sólida, con más perspectiva, más interesante.

**AVANZAR A PARTIR DE LA TRAMA:** Una novela romántica ya hemos dicho que consiste en lo que sucede a dos personas ubicadas en un lugar y un tiempo cuando se enfrentan a un conflicto de amor. La pareja son los protagonistas y lo que harán para salvar ese conflicto es la acción.

A partir de ahora debemos tener claro que **acción es aquello que sucede**, y los **personajes principales son aquellos a quienes sucede**.

<table>
<tr><td>ACCIÓN,<br>lo que sucede</td><td>→</td><td>**CONFLICTO**</td><td>←</td><td>PEROSNAJES,<br>a quienes sucede</td></tr>
</table>

**¿Por qué es esto importante?** Porque la novela romántica utiliza como elementos dramáticos la acción y a los personajes principales (ELLA + ÉL).

Ya sabes de qué trata tu novela, hora debemos diferenciar entre la **Trama Principal** y la **Trama Romántica**.

Volvamos a nuestro ejemplo del **ARGUMENTO 3**.

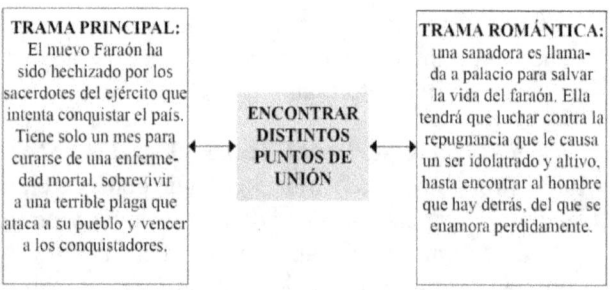

| TRAMA PRINCIPAL: | ENCONTRAR DISTINTOS PUNTOS DE UNIÓN | TRAMA ROMÁNTICA: |
|---|---|---|
| El nuevo Faraón ha sido hechizado por los sacerdotes del ejército que intenta conquistar el país. Tiene solo un mes para curarse de una enfermedad mortal, sobrevivir a una terrible plaga que ataca a su pueblo y vencer a los conquistadores. | | una sanadora es llamada a palacio para salvar la vida del faraón. Ella tendrá que luchar contra la repugnancia que le causa un ser idolatrado y altivo, hasta encontrar al hombre que hay detrás, del que se enamora perdidamente. |

Todas las historias tienen un principio, un medio y un final claramente definidos. En *Alma*, de Bel Frances, el principio dramatiza cómo la protagonista es apartada de los suyos, encerrada en una lóbrega mansión, hasta que estalla el conflicto; en la parte central. Entonces vemos cómo empiezan a concatenarse los malentendidos, la evolución de los personajes, el ascenso de Alma y los desencuentros de la historia de amor; al final los protagonistas logran vencer todas las vicisitudes y salvar su amor. **Planteamiento, confrontación y resolución**. Veámoslo.

| PLANTEAMIENTO | CONFRONTACIÓN | RESOLUCIÓN |
|---|---|---|
| Dramatiza cómo la protagonista es apartada de los suyos, encerrada en una lóbrega mansión, hasta que estalla el conflicto | Empiezan a concatenarse los malentendidos, la evolución de los personajes, el ascenso de Alma y el desarrollo de la historia de amor | Los protagonistas logran vencer todas las visisitudes y salvar su amor |

Como verás, estamos trabajando de pizzeros. Tenemos una trama o un mini-argumento, como una pequeña bola de masa, y ahora intentamos estirarla hasta convertirla en una novela (o una pizza), añadiendo todos los elementos necesarios. Eso debes hacer tú con la novela que vamos a escribir: transformar el argumento que ya tienes en este "algo" más complejo.

Debemos articular la trama en términos de acción y personajes

**¿Por qué insistimos tanto en que resumas el argumento en unas pocas líneas?** ¿Es realmente necesario? Por supuesto que lo es. Debes conocer perfectamente, sin ninguna confusión, de qué va tu novela, porque si tú trabajaras con alguna duda, ¿crees que el lector no lo va a saber? Si tú no tienes claro sobre qué estás escribiendo, tus lectores tampoco lo tendrán. Por eso, lo que vamos a crear es más que una historia de amor. Estamos transmitiendo un mensaje, una idea, y ésta tiene que ser clara desde el principio. Desde el principio esa será tu elección, y también tu responsabilidad. Cada decisión que tomes al desarrollar la trama tendrá una consecuencia y el resto de la obra debe ser coherente con cada consecuencia anterior. Veámoslo con un ejemplo.

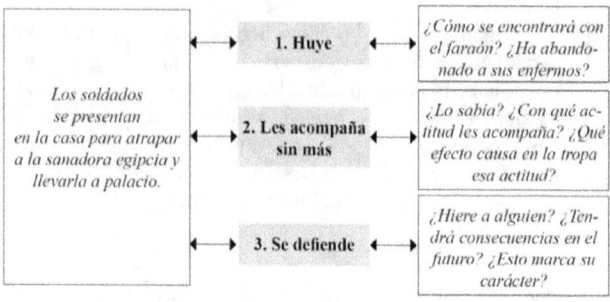

*Cuando estás buscando un argumento, el argumento también te está buscando a ti. Una vez os encontréis solo debéis estableces los términos que más os convengan.*

## f) Otros enfoques para avanzar en la creación del argumento

Veamos otros enfoques que nos van a ayudar a esclarecer el argumento de nuestra novela romántica. Vamos a trabajar ahora a partir del personaje.

**Todo personaje tiene una necesidad.** Para definir la trama, puedes partir de ella, crear obstáculos que impidan la satisfacción de esa necesidad. De pronto, tu historia se convierte en la historia de cómo tus personajes superan los obstáculos, y toda la trama avanza hacia su resolución.

*Sin conflicto no hay drama. Sin necesidad no hay personaje. Sin personaje no hay acción.*

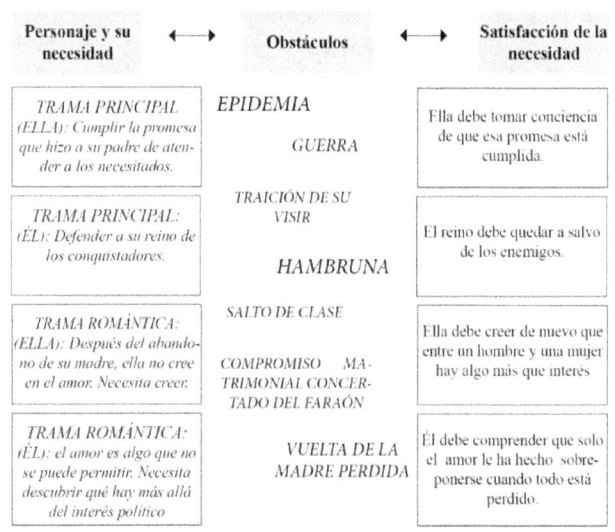

| Personaje y su necesidad | Obstáculos | Satisfacción de la necesidad |
|---|---|---|
| *TRAMA PRINCIPAL (ELLA): Cumplir la promesa que hizo a su padre de atender a los necesitados.* | EPIDEMIA<br>GUERRA | Ella debe tomar conciencia de que esa promesa está cumplida. |
| *TRAMA PRINCIPAL: (ÉL): Defender a su reino de los conquistadores.* | TRAICIÓN DE SU VISIR<br>HAMBRUNA | El reino debe quedar a salvo de los enemigos. |
| *TRAMA ROMÁNTICA: (ELLA): Después del abandono de su madre, ella no cree en el amor. Necesita creer.* | SALTO DE CLASE<br>COMPROMISO MATRIMONIAL CONCERTADO DEL FARAÓN | Ella debe creer de nuevo que entre un hombre y una mujer hay algo más que interés |
| *TRAMA ROMÁNTICA: (ÉL): el amor es algo que no se puede permitir. Necesita descubrir qué hay más allá del interés político* | VUELTA DE LA MADRE PERDIDA | Él debe comprender que solo el amor le ha hecho sobreponerse cuando todo está perdido. |

## g) El narrador

Debemos diferenciar claramente el hecho de que tú eres la autora, pero no la narradora.

Ya tienes una trama más o menos definida (aún nos quedan cosas que ver en el capítulo 3), y **debes ir decidiendo quién contará la historia**. ¿Será la protagonista la que nos hablará de su vivencia? ¿Será el hijo de ambos, años después de la muerte de sus padres? ¿Será una voz anónima que nos cuenta desde la distancia? Sea quien sea, sabemos que quien nos lo

71

cuente será el/la Narrador/a, y que tiene una serie de posibilidades:

- Puede simplemente exponer los hechos que acontecen en nuestra novela romántica.
- Puede hacer descripciones de las situaciones y de los personajes.
- Puede darnos su opinión sobre los hechos.
- También puede no opinar, solo observar.
- Puede anunciarnos cuándo van a hablar los personajes.
- Puede hablar de sí mismo.
- Puede ser tan imparcial que decida mantenerse al margen.

Hay muchos tipos de narradores, pero en el ámbito de la novela romántica se utilizan generalmente tres con sus diferentes versiones. La utilización de uno u otro no es arbitraria, dependerá del resultado y del efecto que queramos obtener. Yo he leído obras magníficas que desde mi punto de vista han fallado por la elección del narrador.

¿Quiere esto decir que una novela *Sentimental* debe estar contada en primera persona por un narrador protagonista, y una de *Fantasía* en tercera por un narrador omnisciente? En absoluto, todos los subgéneros admiten todo los narradores, pero debes valorar el efecto. Veámoslo con un ejemplo, utilizando un extracto de **Por primera vez**, de Kathryn Smith (La Romántica Booket).

*Así que vas a ir.*
*Devlin Ryland dejó de hacer las maletas y levantó la mirada para encontrarse con su hermano mayor.*

—*Sí —dijo Devlin, cogiendo una camisa más del montón que había en la cama y colocándola en la bolsa de piel gastada.*

*Ya había metido la ropa de noche: unos pantalones extra, pañuelos de cuello, camisas y un abrigo más. El abrigo de más era su única concesión a la moda. En Brixleigh Park se encontraría con gente que se empeñaría en no llevar la misma prenda dos veces. Al menos debía tener un poco de variedad.*

*Brahm, enigmáticamente atractivo, con unos rasgos mucho más marcados y duros que los de Devlin, entró cojeando en el sanctasanctórum de la habitación. A tenor de los fuertes golpes del bastón contra la pulida superficie del parquet, a su hermano le dolía la pierna.*

*—Creía que te preocupaba volver a ver a Carnover.*

*Tras cerrar la maleta, Devlin se encogió de hombros.*

*—Todos tenemos que enfrentarnos a nuestros demonios. Tú mismo me lo dijiste.*

¿Imaginas el efecto que tendría este mismo texto si fuera contado directamente por Brahm, uno de los protagonistas? ¿Y si fuera contado por su hermano? En efecto, la narración (no la historia) cambiaría completamente y nos tendríamos que enfrentar a soluciones distintas para un mismo conflicto según quién contara la historia.

Por eso es importante que repasemos los **Narradores**. Como hemos dicho, hay tres tipos básicos que nos vamos a encontrar en la novela romántica:

| | Tiene una visión total, lo sabe todo, lo |
|---|---|

| NARRADOR ONMISCIENTE | controla todo, pasado, presente y futuro, física y psíquicamente. Es como dios. También es impersonal, por lo que narra en **3º persona** |
|---|---|

**EJEMPLO**: *ENMENDAR A UN GRANUJA*, Suzanne Enoch (Talismán)

*La puerta principal se abrió a su espalda. Lucien echó un vistazo al cielo al tiempo que un gran trueno retumbaba sobre los tejados de Mayfair.*

*—¿Qué sucede, Wimbole?*

*—Me pidió que le avisara a las tres en punto, milord —respondió el mayordomo con su habitual tono impasible—. El reloj acaba de dar la hora.*

*Lucien dio otra calada a su puro, dejando que el humo saliera de su boca formando remolinos y que la refrescante brisa se lo llevara consigo.*

*—Cerciórese de que las ventanas del estudio están cerradas, y procure una copa de whisky al señor Mullins. Imagino que lo necesitará en breve.*

*—Muy bien, milord. —La puerta se cerró de nuevo.*

*La lluvia comenzó a caer con fuerza sobre los llanos escalones de granito que tenía delante justo cuando un carruaje irrumpió estrepitosamente en Grosvenor Street y giró en dirección a la mansión. Lucien dio una última calada a su cigarro, lo apagó contra la columna y lo arrojó con un juramento. Los demonios tenían una puntualidad espléndida.*

*La puerta se abrió nuevamente y Wimbole, flanqueado por media docena de lacayos de librea, apareció a su lado en el preciso instante en el que un monstruoso carruaje negro se detenía al pie de las escaleras. Un segundo vehículo, menos ostentoso que el primero, se paró detrás.*

Observa que está escrito en tercera persona ("Lucien echó un vistazo"), o que el narrador conoce aspectos antiguos y personales de los personajes ("con su habitual tono impasible").

El narrador omnisciente es el más habitual en la narrativa romántica. ¿Qué aspectos conoce este narrador?:

- La edad
- El aspecto físico de todos los personajes y lugares
- Los sentimientos de todos
- La psicología más profunda de todos
- El pasado, presente y futuro de personajes y espacios
- El modo de ser
- Todos los detalles de la trama

Al narrador omnisciente lo podemos emplear como un conocedor de todo o como un conocedor de partes, sobre todo esto último en los subgéneros en que el misterio sea el articulador de la trama.

*Narrador omnisciente parcial*: Puede saberlo todo sobre los personajes, pasado y futuro y también sobre el espacio pero, por ejemplo, no conoce su psicología. A partir de aquí, cualquier combinación es posible.

| NARRADOR | Este narrador es a quien le acontecen los sucesos, por lo tanto tiene un visión |
|----------|--------------------------------------------------------------------------------|

| PROTAGONISTA | parcial de los acontecimientos. No lo sabe todo. También es el centro de la historia. Narra en **1° persona**. Siempre da una visión personal |
|---|---|

**EJEMPLO**:

*Apareció como sucede con la brisa de verano; de pronto, sin aviso, refrescando nuestra estancia en aquella pequeña abadía. Sí. Al principio no me gustó. Los tipos arrogantes que miran a las mujeres como si fueran simple mercancía con una buena o mala dote matrimonial no son de mi agrado.*
*A la señorita Howard le fascinó. Vio cinco mil libras de hombre que entraba por la puerta como una tormenta.*
*Para ella, la cicatriz que atravesaba su rostro decía que le sonaba a una batalla de honor. Yo solo pude distinguir una fea imperfección que ese hombre mimado por el destino habría adquirido a costa de la vida de alguien honorable.*

Como podemos observar, este narrador escribe en primera persona ("al principio no me gustó"), y da una visión personal de los hechos a partir de los datos que maneja, y sobre todo, es a él (al narrador) a quien acontecen los hechos ("Yo solo pude distinguir una fea imperfección que ese hombre mimado por el destino habría adquirido a costa de la vida de alguien honorable").

El Narrador Protagonista, por lo tanto cuenta su historia, y los hechos que conoce son:

• Lo que ha acumulado de su experiencia

- Lo que ve
- Lo que le cuentan
- Sus sentimientos como protagonista
- Su pasado
- "Sufre" los obstáculos que jalonan la trama

| | |
|---|---|
| **NARRADOR TESTIGO** | Este narrado cuenta lo que ve, ya que es testigo de los sucesos. No es el protagonista. Tiene una visión limitada a su experiencia. Normalmente observa la escena, pero no hace asulisones a él mismo. Puede narrar en **3ª y en 1ª persona.** |

**EJEMPLO**:

*Clara llegó apenas cinco minutos después. Anduvo hasta su mesa, dejó con cuidado el bolso, como si se tratara de un frágil objeto de cristal, y le estampó una sonora bofetada. Luis se levantó. Intercambiaron palabras quedas, inaudibles, hasta que ella, con la misma serenidad de quien acaba de tomarse un delicioso sorbete de limón, salió del restaurante. Luis volvió a su silla y permaneció callado, con la vista perdida en el interior de lo que parecía un plato de espaguetis a la carbonara.*

*A nuestro alrededor, al golpe de salida que había supuesto la bofetada, siguió un silencio de los de misa de a doce, que se disolvió rápidamente entre cuchicheos y miradas furtivas.*

*Creo que no habrá explicaciones. Ella se ha ido y Luis tiene su merecido.*

Observa cómo narra indistintamente en primera y tercera persona (*"Creo que no habrá explicaciones* " y "dejó con cuidado el bolso"). Cuenta solo lo que ve desde su posición (*"A nuestro alrededor, al golpe de salida que había supuesto la bofetada, siguió un silencio de los de misa de a doce"*).

El Narrador Testigo cuenta lo que ve. Los aspectos que conoce este narrador son:

- Su nivel de información es limitado.
- Cuenta desde un ángulo específico y desde allí ve solo lo que abarca su visión.
- Ve y cuenta. Solo da pautas de lo que ocurre y sabe menos que el protagonista, por eso funciona bien en el género negro y en el de misterio /suspense.
- Permite al lector sacar sus propias deducciones.
- Es como un acompañante, un confidente a lo largo de la novela.

En definitiva, **los narradores tienen tres grados de conocimiento con respecto a los personajes principales**.

- Saben menos que ellos.
- Saben igual que ellos.
- Saben más que ellos.

## h) El esquema previo

Vamos viendo que una novela es un **TODO** dentro del que cada elemento tiene una misión y todo debe funcionar. Cada resalte que hagamos en una obra tiene que tener una explicación (incluso veremos más adelante cómo funcionan los Personajes Ambiente y hasta donde podemos identificarlos). Eso quiere decir que si resaltamos a un personaje secundario es porque jugará un papel, por pequeño que sea, en la trama, y si introducimos una acción (un obstáculo para que algún personaje consiga hacer algo u obtener una solución), debe tener una respuesta.

Cuando todas estas líneas no tienen una respuesta, el lector puede tener la sensación de "cabos sueltos". Por eso es interesante que desde este momento empecemos a tener bien controladas las acciones.

## EL ESQUEMA PREVIO

Sin darte cuenta en verdad ya lo vas viendo en estas páginas. Es una forma de dibujar la novela de manera gráfica de manera que puedas verla con un solo golpe de vista.

*TRUCO: haz el esquema previo, imprímelo, y pégalo a la pared delante de tu sitio de trabajo. Te ayudará en todo momento a mantener la/s trama/s.*

Más que un *planning* de la obra, es un resorte que te ayudará a crear. Si has seguido los mismos pasos que hemos trazado con el ARGUMENTO 3 (si no es así te invito a que te detengas unos minutos y traces el mismo recorrido con tu argumento), solo tendrás que darle forma, de acuerdo con lo que pretendes contar.

Así sería un esquema previo: observa que realmente es una sucesión de las acciones más importantes de nuestra novela.

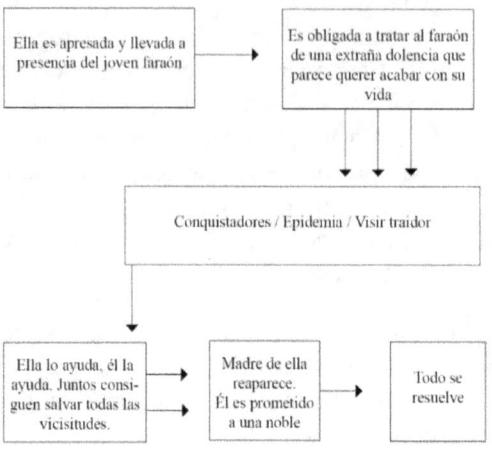

## i) Orientación al público

La novela romántica sigue la organización propia de los Best Seller (tenemos un apartado exclusivo para esta forma de narrar unos capítulos más adelante), eso quiere decir que no se trata de un tipo de literatura experimental, sino que, sin complejos, está enfocada a una amplia mayoría de lectores que quieren disfrutar de su lectura.

Existen tres elementos claves para orientar nuestra obra al público con éxito

1. **La capacidad de ventas**: se consigue con el hallazgo de un tema adecuado o de unos personajes atractivos que hagan que el público valore la novela. Una realidad a la que tenemos que enfrentarnos es que tiene mayor capacidad

de ventas una autora ya editada que una novel. Sin embargo, con una buena estrategia online no tienes porqué ser así. Como es el caso de Isabel Keats. Como ella misma me cuenta, cuando autopublicó "*Algo más que vecinos*" tuvo un éxito instantáneo en Amazon e iTune y ha estado en el Top 10 durante semanas. Su estrategia de marketing online la ayudó para impulsar su carrera.

2. **La originalidad**: siempre debemos buscar la originalidad, ya sea a través de la trama, la perspectiva, los personajes o el enfoque. Eso nos diferenciará de los demás autores.

3. **Lo adecuado de la estructura de la novela**: y por último, la obra no solo debe estar bien escrita, sino que la estructura que hayamos elegido debe ser la más adecuada al tema y a la trama que estemos narrando.

Si falta alguno de estos elementos es probable que la novela pase desapercibida

## j) Resumen del capítulo 2

1. Hay autores que escriben con brújula, y otros con mapa. Nosotros pretendemos saber escribir con brújula dentro de un mapa.
2. Los pasos a seguir desde el punto de partida son Buscar, Transcribir y Archivar.
3. Como autora, debes compilar un archivo de argumentos y personajes.
4. La forma más práctica de avanzar en el argumento y la trama de una novela es haciendo preguntas.
5. Una vez que el argumento está medianamente apuntado, debemos empezar

a probar; con otros personajes, otros temas, otros espacios y tiempos. No quedarnos con lo primero que surja de nuestra imaginación.

6. A nivel práctico, debemos diferenciar entre la Historia y la Narración.
7. En la novela romántica encontraremos tres tipos básico de narradores; el omnisciente, el protagonista y el testigo.
8. Nos puede ayudar mucho para no dejar cabos sueltos la creación de un esquema previo.

## k) Algunos ejercicios para cimentar los conocimientos de este capítulo:

**LECTURA:**

*Reece Gilmore atravesaba las rugosidades de la carretera de Angel's Fist en un Chevy Cavalier recalentado. Reece llevaba en el bolsillo doscientos cuarenta y tres dólares y algo de calderilla, lo suficiente para curar el Chevy, echar gasolina y comer algo. Si tenía la suerte de su lado, y el coche no estaba gravemente enfermo, le llegaría para pagar una habitación donde pasar la noche.*

*Entonces, incluso según los cálculos más optimistas, estaría sin blanca.*

*Consideró que el vapor que salía a bocanadas del capó era la señal de que había llegado el momento de dejar de viajar durante un tiempo y buscar un trabajo.*

*«Nada de preocupaciones, nada de problemas», se dijo. El pueblo de Wyoming, apiñado alrededor de las frías aguas azules de un lago, era tan bueno como cualquier otro sitio. Tal vez mejor. Era un lugar*

*abierto, lo que ella necesitaba, con aquel cielo inmenso y los picos nevados de los Tetons que se alzaban como dioses sensatos y, en cierto modo, reservados.*

*Durante horas había avanzado hacia ellos por una carretera llena de curvas, a través de un paisaje salpicado de picos y llanuras. Cuando emprendió el viaje aquel mismo día antes del alba, no tenía ni idea de dónde acabaría, pero rodeó Cody, cruzó como una bala Dubois y, tras acariciar la idea de dirigirse a Jackson, decidió bajar hacia el sur.*

*Así pues, algo debía de haberla arrastrado hacia aquel lugar.*

*Ángeles caídos*, de Nora Robert (Plaza&janés)

1. Los comienzos de Nora Robert siempre son magnífico. Razónalo y busca en este comienzo los ingredientes que utiliza Nora.
2. En este capítulo hemos hablado de Narradores. Hemos dicho que básicamente hay tres (con muchas subdivisiones). Transcribe este texto a los dos narradores que faltan. No debe ser una transcripción literal. Empápate de lo que nos está contando Nora, y después escribe con tu propia voz.
3. Busca cualquier fotografía (en tu móvil, en una revista, en Pinterest, en casa, etc.). Escribe la historia que hay en ella, primero como Narrador Omnisciente, después como Protagonista, y por último como Testigo, siempre como una Novela Romántica.
4. **Y lo más importante**: En este momento tienes que elegir el argumento de la novela sobre la que vas a trabajar en los próximos capítulos de este manual. Ejercita las

técnicas que se explican en esta unidad hasta decidirte por uno. Escribe el argumento que has elegido y razona por qué es el más adecuado. Encuádralo en un subgénero, o en la mezcla de varios (*EJEMPLO: paranormal con tintes Chick Lit, Histórico con tintes de suspense romántico, etc.*). Haz su esquema previo recordando que solo es un punto de partida y que muy posiblemente, según avanzamos, lo cambiaremos y daremos la vuelta como si fuera un calcetín.

# 3. LA CREACIÓN DE LA ESTRUCTURA

## a) Introducción

Podemos decir que ya tenemos en nuestro poder un argumento. Una trama. Ese es el primer paso, y uno de los principales. Como escribimos novelas romántica, hora debemos articularlo en una estructura que atrape y emocione al lector.

A este capítulo y al siguiente me gusta llamarlos las **"unidades científicas"** porque la creación de la estructura en la novela romántica sigue unos pasos que se repiten una y otra vez. Y lo hacen así porque funciona.

**La estructura es quizá uno de los aspectos más difíciles de dominar en este universo impreciso que es la novela.** La técnica para crear una estructura que veremos aquí es infalible, crea novelas sólidas y adictivas. Debes manejarla a la perfección antes de empezar a saltarte la norma, porque como escritora tu misión es aprender y aprender, siempre más, probando nuevas formas. Pero eso lo haremos cuando dominemos muy bien los conceptos básicos de la novela romántica.

También **debes entender las razones de esta estructura**. Lo veremos con ejemplos y andaremos despacio, para que al terminar el estudio de este capítulo puedas aplicarlo sin dificultad a tu argumento.

¿Se contradice esto con la búsqueda de la originalidad, de la voz propia? En absoluto. Como verás a lo largo de estos dos capítulos, la estructura supone el trazado de pilares básicos sobre los que debe descansar la novela para causar el efecto deseado. Todo lo demás es imprevisible, único en cada autor.

**Cuando termines con este capítulo serás capaz de leer las estructuras que subyacen debajo de cualquier novela romántica.** Un consejo: lee a partir de ahora intentando descubrirla. Te gustará.

Empecemos a ver cómo funciona.

## b) La estructura en clave de tres.

*La novela es un todo, una unidad de diferentes partes, todas coherentes, todas relacionadas, de manera que si transformamos una de esas partes desequilibramos el conjunto de la obra.*

Imagínate una amplia tela cuadrada de color blanco. Si la colocamos sobre dos triángulos asentados en su base y unidos en su vértice superior tendremos una tienda de campaña; si nos envolvemos con ella, un vestido; si la colocamos sobre un mástil, una vela; si la llenamos de helio, un globo; si... Un mismo argumento sobre diferentes estructuras es una nueva historia. Pero piensa en el ejemplo de la tela; quizá ese trozo cuadrado no funcione bien como tienda de campaña porque impide cerrarla y entran mosquitos, ni como vela porque no soporta el envise del viento, ni como globo porque el helio se fuga de su interior. Quizá como funciona bien, sin problemas, sea solo como vestido.

En novela romántica subyace una estructura que se ha fijado desde hace tiempo (sí, como vestido) y es la que trataremos aquí. **Una vez que la entendamos, la repitamos tantas veces como sea necesario en nuestras novelas, y la dominemos, nuestra misión es saltárnosla, inventar nuevas estructuras, nuevas formas**, pero por ahora debemos asumirla.

Me atrevo a decir que el punto más delicado a la hora de escribir una buena novela romántica es encontrar una estructura sólida que soporte la historia. A las editoriales llegan buenas historias que se derrumban sobre una estructura incapaz de sostenerla. ¿Y qué es una buena estructura?

- Una estructura que esté bien centrada
- Una estructura que tenga impulso
- Una estructura que sea clara

**Debe facilitar que el lector se meta en la historia y se vea envuelto en ella hasta el final**. Eso es construir la estructura de una novela romántica de forma correcta.

La composición de la novela romántica está en clave de tres. Y en clave de tres (pero en tres actos) han estado la tragedia griega, las obras de teatros de Shakespeare (en 5 actos), o las películas que vemos en el cine (en 4 actos).

*Si te fijas bien en todas ellas, si observas la mayoría de las novelas románticas que cohabitan hoy en día en el mercado, verás que se repite siempre la misma estructura: principio, medio y final, o lo que es lo mismo y ya hemos sugerido en los capítulos anteriores: planteamiento, desarrollo y desenlace (o resolución).*

| PRINCIPIO | | PLANTEAMIENTO |
|-----------|--|---------------|

| MEDIO | | DESARROLLO |
|---|---|---|
| FINAL | | DESENLACE |

Vamos a llamar a cada una de estas partes **CUERPOS**. Pues bien, el paso de cualquiera de estos cuerpos al siguiente, en la novela romántica se suele hacer por medio de un **CAMBIO DE RUMBO**. Vamos a verlo gráficamente. **Te recomiendo que memorices este esquema porque es la clave del método.**

En el gráfico anterior puedes ver todos los elementos que tienes que tener en cuenta en la estructura de tu novela. Todos y cada uno de ellos deben cumplir una misión, todos tienen un propósito diferente. El inicio tiene una misión distinta que el segundo cambio de rumbo. El desarrollo del primer cuerpo es diferente del desarrollo del segundo. El ritmo del tercer cuerpo es generalmente más rápido que el de los otros dos. Vamos a ver con detenimiento todos estos elementos.

## c) El planteamiento

PLANTEAMIENTO= Desde el INICIO hasta el 1°
CAMBIO DE RUMBO

**Las primeras páginas de una novela romántica son las más importantes**, por eso hay autores que las escriben al final, cuando han acabado la obra, y dominan el tono y las expectativas que va a generar la trama.

Estas primeras páginas (llamémoslas aún así) deben causar en el lector (y por ende en el editor).

- Interés por la historia que viene a continuación.
- Comprensión del contexto, intriga y subgénero en el que se enclava (un lector de novela romántica no se puede enterar en la página 64 que está leyendo suspense romántico. Otra cosa es que queramos causar ese efecto `porque a mitad de la obra vayamos a cambiar de subgénero).

La mayoría de las novelas románticas que llegan a una editorial suelen tener problemas con el planteamiento por alguno de estos cuatro motivos:

- Es poco claro.
- No está bien centrado.
- Plantea de todo menos la historia que quiere contar.
- La suma o combinación de los anteriores.

*El propósito del planteamiento es proporcionar la información básica que necesitamos para que la historia comience*

Aquí tenemos **la clave del planteamiento**, debemos construirlo sabiendo que mientras lo lee, el lector debe tener en sus manos todas las pistas acerca de **hacia dónde va la historia**. Después le confundiremos con los cambios de rumbo, pero a priori debemos llevarlo por donde nos interesa.

Para que esto sea así, debemos centrar la situación sobre una línea argumental coherente, cosa que ya hemos aprendido a hacer en el capítulo anterior. Pero ahora debemos pone en marcha el relato y orientar al lector de forma que pueda seguir la novela sin preguntarse a cada página *¿Pero...de qué va esto? ¿Qué están haciendo ahora? ¿Por qué están ahí? ¿Es una paranormal, una chick lit?*

Vamos a trabajar con el ejemplo de la novela *Alma*, de la autora española Bel Frances, ya que al ser una persona de confianza, Bel nos permite *destriparla* sin ofender a nadie.

| PLANTEAMIENTO DE ALMA, DE BEL FRANCES |
|---|
| *Inmediatamente después de la Revolución Francesa.* |
| A Alma, hija y nieta de pescadores, la casan con un rico desconocido y es encerrada en una mansión perdida en un profundo bosque. Allí la educan para convertirla en una dama, con la única compañía de su prima Margot y de criados que la tratan con temor. Ella va engendrando un amargo rencor contra aquel marido que la ha apartado de los suyos y de la felicidad, y |

> al que aún no conoce. Tres años después aparece al fin el hombre con el que se ha casado, herido de gravedad en una cacería en el bosque. Ella trama un pequeño juego; se hará pasar por su prima Margot… y ambos se enamoran.

Lo que me llamó la atención de esta novela, fue que tras leer las primeras 21 páginas la historia estaba ya trazada. Ya sabía, como lector, que a la protagonista la habían casado por conveniencia (aunque no sabía cuál era el trato), que ella era pobre y él rico, que era una novela histórica (no *Regencia* porque era demasiado dramática y sin sentido del humor), que él existía, aunque la autora solo lo había descrito por las opiniones del servicio, y que algo extraño debía suceder en aquella mansión: todo esto era una mezcla de información y de incógnitas que me obligaba a seguir leyendo. Las preguntas que se formaban en mi cabeza eran:

- ¿Cómo es él? ¿Qué oculta? ¿Qué esconde?
- ¿Por qué un hombre tan poderoso se casa precisamente con esa muchacha que vive en un pueblo perdido, tan lejos de París, aún sin conocerla? ¿Cuál es su pasado?
- ¿Y por qué sus tíos, sí al parecer conocían desde siempre su destino, no se lo han comunicado, si tanto parecen quererla, y tanto lloran al entregarla?

**¿Cómo estaba tratando Bel Frances la historia?** Si recodáis, en el capítulo 1 hablamos de los subgéneros y los clasificábamos según si se trataba de una novela de acción, o de personajes.

El **subgénero histórico** estaba ubicado en el centro. Bel decidió que Alma fuera una novela centrada en la relación entre los personajes, por lo que la trama principal y la trama romántica son difíciles de separar. Sobre todo en el Planteamiento. ¿Cómo consigue entonces resolver dos capítulos, 85 páginas, que es lo que tarda en desarrollarnos el planteamiento completo, sin aburrirnos? Utilizando la clave principal en las novelas de personajes; **el diálogo** (lo veremos en profundidad más adelante).

Por lo tanto en el planteamiento debemos dejar muy clara la trama principal según subgénero (acción o personajes), debemos presentar a los personajes principales, y debemos dejar muy claro al lector hacia dónde va la historia (principal y romántica). Veámoslo en el caso de *Alma*, poniéndonos en el papel del lector:

| | |
|---|---|
| **Vemos las tramas principal y romántica** | En el planteamiento solo la romántica, al ser novela de personajes. Sabemos que dos personajes se aman pero que hay un misterio que envuelve la vida de ambos y que lo impide. ¿Qué será, cómo se resolverá? |
| **Nos presentan a los personajes principales** | Conocemos a Alma, a Bertrand (él), y a la prima Margot; la pareja amorosa y el personaje que nos permitirá el segundo cambio de rumbo. Todo ello sazonado con muchos y atractivos secundarios |
| **Sabemos hacia dónde *creernos* que irá la historia** | Sabemos que va hacia la resolución, pero ¿Qué sucederá cuando Bertrand descubra que ella es Alma y no Margot? El lector quiere saber cómo va a resolverse esta situación. |

Todo esto debe estar claro antes de dar **nuestro primer golpe de efecto** y cambiar el rumbo de la novela.

Ten en cuenta que el planteamiento ha de funcionar en sí mismo como una novela, pero en vez de tener una resolución, plantea un nuevo problema que será el **1º cambio de rumbo**. Veámoslo de nuevo con Alma.

| ESTRUCTURA DEL *PLANTEAMIENTO* EN *ALMA* | | |
|---|---|---|
| PLANTEAMIENTO | DESARROLLO | DESENLACE |
| **INICIO DEL PLANTEAMIENTO:** | **DESARROLLO DEL PLANTEAMIENTO:** | **DESENLACE DEL PLANTEAMIENTO:** |
| Alma es casada sin su consentimiento y apartada de los suyos. | Su vida en la mansión, lo que va conociendo de su misterioso marido (Éste no aparece hasta la página 63 pero siempre está en boca de todos), él aparece, ella se hace pasar por Margot, se enamoran | Alma descubre ante Bertrand su verdadera identidad. Él enfurece, la abandona. A ella la expulsan de la mansión con su prima. Todo cambia, es como si empezara otra novela pero con los mismos personajes. Desamparo. **ES EL PRIMER CAMBIO DE RUMBO** |

Como ves en el cuadro anterior, incluso hay un clímax en el desenlace del planteamiento (él se torna lívido, la mira con horror al descubrir que ella es Alma, abandona la habitación a medio vestir y se va a caballo.

Ella queda llorando en el camino, envuelta en una sábana, gritando su nombre. Verdaderamente trágico), pero todo queda sin resolución. Esto lo iremos viendo y repasando durante el resto de capítulos, pero ahora vamos a detenernos antes de pasar a estudiar en 1º cambio de rumbo. Conozcamos más a fondo el inicio.

## d) las primeras páginas: una clave de éxito

Podemos empezar una novela romántica como queramos (hablamos de las primeras páginas); contando la vida de los personajes, describiendo una escena, con una puesta de sol... **Pero lo que realmente funciona en nuestro género es empezar con una _ACCIÓN_ o con un _DIÁLOGO_.**

| INICIO DE LA NOVELA ROMÁNTICA | | |
|---|---|---|
| ACCIÓN | | DIÁLOGO |
| SUBGÉNEROS DE ACCIÓN | Pueden intercambiarse | SUBGÉNEROS DE PERSONAJES |
| | IMPACTO EN EL LECTOR | |
| IMPORTANTE ESCENA DE ACCIÓN | Pueden intercambiarse | DIÁLOGO CLAVE |

| COMENZAR CON ACCIÓN | COMENZAR CON DIÁLOGO |
|---|---|
| EJEMPLO: _El aliento de las tinieblas_, Karen Chance (Editorial Pandora) - | EJEMPLO: _Retrato de mi corazón_, Patricia Cabot (Romántica Booket) - |

| Paranormal | Regencia |
|---|---|
| *Luché con él, sabiendo como sabía desde que era niña que mirar a un vampiro directamente a los ojos hacía que le resultara más fácil controlarte, pero todo el mundo nos ignoró, supongo que porque daban por supuesto que lo único que yo hacía era bailar horriblemente.* | *—Dime que no es cierto — gruñó Edward Rawlings, hundiendo la cabeza entre las manos—. De Oxford, no, Jeremy.* |
| *Al contrario de lo que dice la leyenda, su cuerpo se venció hacia el mío y lo sentí caliente y suave como raso firme, aunque bien pudiera ser que lo tuviera esculpido en acero por todas las ganas que tenía de acabar con su control. Mi pulso se aceleró y pensé que me iba a desmayar cuando inclinó la cabeza y sentí como sus labios planeaban sobre mi cuello. De hecho, creo que mi corazón llegó a pararse cuando besó delicadamente mi piel como queriendo adivinar el pulso que yacía bajo la superficie. Era como si mi sangre pudiera sentirle, como si se volviese más lenta y espesa en mis venas, esperando a que él la liberara. Empecé a sudar, y no porque hiciera calor o porque hubiera tantos cuerpos hacinados en tan poco espacio. ¿Me iba a matar allí mismo, delante de unos doscientos testigos?* | *El joven se quedó mirando a su tío con preocupación desde el otro lado de la mesa de la taberna. Se preguntó si debía llamar a la camarera y pedirle una copa de algo más fuerte que cerveza; Edward parecía necesitar un par de whiskies. Sin embargo, todavía era pronto, y estaban en el Goat and Anvil, una cantina a pocos kilómetros de la mansión de Rawlings, y el personal seguramente desaprobaría que el duque de Rawlings y su tío tomaran whisky antes del mediodía.* |
|  | *—Tampoco hay para tanto, tío Edward —respondió con tono despreocupado—. No irás a decirme que no te lo esperabas. Al fin y al cabo, ya he tenido el honor de ser expulsado de Eton y Harrow; no quería negarle el privilegio a tu alma máter.* |
|  | *Edward no se rió; aunque, en realidad, el muchacho tampoco esperaba que lo hiciera.* |

| Tipos de comienzo: una explosión, un asesinato, una pelea, una huida, una persecución, un descubrimiento, un acontecimiento importante, una búsqueda, etc. | Tipos de comienzo: una llamada telefónica, una consulta profesional, una conversación, recibir una noticia mala o buena, una discusión, una declaración de amor, una ruptura, etc. |
|---|---|

Tanto la **acción** como el **diálogo**, pueden ser aislados, o formar parte de la historia.

| AISLADOS | FORMAN PARTE DE LA HISTORIA |
|---|---|
| Un hecho inconexo y la acción continuará después como si esto no hubiera sucedido: un asesinato, un robo, una explosión, un encuentro fortuito, una escena de la niñez. | Es el comienzo de la historia, pero le hemos dado un carácter importante: ellos se encuentran y todo empieza, a él lo expulsan de la universidad, ella descubre unas ruinas mayas y todo se precipita. |

En resumidas cuentas, **empezar explicando no suele dar resultados atractivos** para el lector en la novela romántica. ¿Recordáis que los personajes son acción? ¿Qué mejor forma entonces para presentarlos?

*En Alma, el inicio es la llegada de un carruaje en una noche de lluvia a la modesta casa de pescadores de sus tíos. Sin más explicaciones, ataviada con un roto camisón, la casan por poderes con un desconocido, la meten en una enorme berlina negra, y la alejan de los suyos, quizá para siempre, mientras ella lucha por comprenderlo. Todo sucede tan rápido (21 páginas) que el lector necesita encontrar una explicación a esa barbaridad.*

Efectivamente, esta acción o este diálogo, no es otra cosa que **un suceso que funciona como un pistoletazo de salida**, un **_DETONANTE_** para comenzar a contar nuestra historia. Debe suceder algo –ya sea una acción o una conversación-, y desde ese momento la historia queda definida. Ya sabemos cuál va a ser la columna vertebral. El lector ya sabe hacia dónde vamos

*El **detonante** es el primer empujón que pone en marcha la trama. Algo pasa, o alguien toma una decisión. El personaje principal se pone en movimiento. La historia ha comenzado.*

## e) El conflicto

El planteamiento de nuestra novela romántica, sin embargo, aún no está terminado. Aunque el **detonante** haya comenzado la historia, falta un ingrediente más antes de ponernos definitivamente en marcha.

Debido a la afirmación anterior, debes suscitar una **cuestión** en el planteamiento que será contestada en el clímax. Ese es el **conflicto**. Normalmente se plantea un problema o se presenta una situación que debe ser resuelta. Esta situación o problema nos plantea una pregunta del tipo ¿Conseguirá atrapar al asesino? ¿La aceptará su familia? ¿Sobrevivirá su amor a pesar de…?

Una vez planteada, **todo lo que sucede en la historia se relaciona con esta cuestión, con este conflicto**. La mayor parte de las veces el conflicto se contesta afirmativamente al final de la historia, en el clímax. Pero no sabremos la respuesta hasta entonces. Y aunque el final lo podamos adivinar, permanecemos interesados en lo que sucederá a lo largo del camino de ambas tramas.

## f) La acción del primer cuerpo

Entre el **inicio** y el **primer cambio** de rumbo (el espacio que ocupa el **Planteamiento**) es necesario introducir la información que perfila la historia. Debemos saber más sobre los personajes. Necesitamos ver cómo actúan antes de que se desarrollen en el segundo acto, el **Desarrollo**. Es posible que para ello tengamos que conocer más datos sobre su pasado (flashback) o saber algunas cosas de lo que les sucede en el presente.

En el **Planteamiento**, también debemos saber quién es el/la antagonista y qué pretende.

Si hemos dicho que los personajes son acción, **el personaje principal es el que hace, y el antagonista el que impide que haga**.

| Personaje Principal | CONFLICTO | Personaje Antagónico |
|---|---|---|

Para conocer a fondo el primer cuerpo (desde el inicio con su detonante, hasta el primer cambio de rumbo), **necesitamos entender los hechos importantes que preparan el desarrollo de la historia**; a estos les vamos a llamar **HITOS**.

Podemos considerar un hito como **un incidente o suceso dramático**. Un hito es una escena. Varias escenas forman un capítulo. Los capítulos, la novela. Vemos los hitos del planteamiento en *Alma*.

| 1.**Detonante**: boda misteriosa | 2.Amanece en la mansión | 3.Llegada de su prima Margot |
|---|---|---|
| 6.Bertrand descubre la identidad de Alma | 5.Engaño; hacen el amor | 4.Aparece Bertrand |
| **PRIMER CAMBIO DE RUMBO** | *Los hitos nos permiten trazar un plano de los acontecimientos más importantes de cada cuerpo de la novela.* | |

## g) Los dos cambios de rumbo

Una buena historia romántica, sea del subgénero que sea, **siempre ha de mantener el interés**, o por medio de la acción, o por medio de la relación entre los personajes.

La forma más efectiva de lograrlo en este género es por medio de los giros y quiebros de la acción, imprescindibles e intrigantes a lo largo de todo el camino hasta el final. Si la historia fuera completamente lineal, desde el primer empujón que nos había proporcionado el detonante, y hasta el clímax, perdería su interés dramático y no satisfaría al lector romántico.

Aunque los giros y quiebros pueden suceder a lo largo de la historia, en la estructura en tres cuerpos, la habitual en la narrativa romántica, **hay dos cambios de rumbo que necesariamente han de tener lugar** para que la acción se mantenga en movimiento. Uno al comienzo del segundo cuerpo (o al final del primer cuerpo), y otro al comienzo el tercero (o final del segundo, como queramos).

Estos puntos contribuyen a cambiar de dirección la historia:

- se desarrollan nuevos sucesos.
- Se toman nuevas decisiones.

*Como resultado de estos dos cambios de rumbo, la historia adquiere impulso y no se desdibuja.*

| CAMBIOS DE RUMBO EN LA <u>TRAMA PRINCIPAL</u> DE *ALMA* | |
| --- | --- |
| **PRIMER CAMBIO DE RUMBO**: Betrand descubre la identidad de Alma, ella es expulsada de la mansión. La historia gira completamente | **SEGUNDO CAMBIO DE RUMBO**: Margot intenta envenenar a Alma, ésta última se han convertido en alguien indeseable. La historia vuelve a cambiar, precipitando el clímax. |
| CAMBIOS DE RUMBO EN LA <u>TRAMA ROMÁNTICA</u> DE *ALMA* | |
| **PRIMER CAMBIO DE RUMBO**: Betrand descubre la identidad de Alma, ella es expulsada de la mansión. La historia gira completamente. | **SEGUNDO CAMBIO DE RUMBO**: Alma descubre que Betrand está vivo. Todo se viene abajo. De nuevo la historia gira en una dirección diferente a la que llevaba. |

Como ves, las tramas principal y romántica en el planteamiento de Alma **son las mismas**. Solo a partir del desarrollo empiezan a diferenciarse. Esto es debido a enclavarse en un género mixto (acción/personajes) como es la Novela Romántica Histórica.

Los Cambios de Rumbo cumplen las siguientes funciones:

- Hacen girar la acción en una nueva dirección.
- Vuelven a suscitar la cuestión central (el conflicto) y nos hacen dudar acerca de la respuesta.
- Suelen exigir una toma de decisión o compromiso por parte del personaje principal.
- Elevan el riesgo y lo que está en juego
- Introducen la historia en el acto siguiente.
- Nos sitúan en un nuevo escenario
- Centran la atención en un aspecto diferente de la acción.

Un cambio de rumbo con fuerza cumplirá todas estas funciones, aunque otras veces puede solo cubrir solo algunas de ellas.

Pero el segundo cambio de rumbo hace una cosa más, **acelera la acción**. Hace el tercer cuerpo más intenso que los otros dos. Proporciona un sentido de urgencia o impulso a la historia. Empuja el relato hasta el final. **Es como una cuenta atrás**.

## h) Breves apuntes sobre el desarrollo

Todo lo que veremos en los próximos capítulos tiene que ver con el Desarrollo, así que aquí solo apuntalaremos las cuestiones fundamentales.

El desarrollo es el cuerpo central de la novela. **En él se plantean todas las tramas, evolucionan los personajes y se desarrolla la acción** hasta llegar al segundo cambio de rumbo.

Estos desarrollos deben producirse en línea ascendente hasta llegar al clímax

La situación expuesta en el planteamiento comienza a evolucionar, es decir, se desarrolla el conflicto en el que se verán inmersos los personajes. También empiezan a desarrollarse las tramas secundarias.

El desarrollo termina con el segundo cambio de rumbo, del que ya hemos visto sus características.

Durante del desarrollo deben plantearse:

- La trama principal
- La trama romántica, si está diferenciada de la primera, como sucede en los géneros de acción.
- Las tramas secundarias, si es que las hubiera.
- Todos los conflictos, menos los que surjan del segundo cambio de rumbo.
- La evolución de los personajes

# i) El desenlace

Hay un capítulo completo dedicado al *Final*, donde hablaremos del desenlace.

El desenlace empieza al final del segundo cambio de rumbo, llega hasta el clímax, para después resolverse

Como ya hemos dicho, entre el segundo cambio y el clímax se precipitan los hechos, se aceleran las acciones para crear en el lector una necesidad de llegar a la resolución de todos los conflictos.

*En el clímax, los personajes se enfrentan a sus conflictos y salen de ellos cambiados.*

Tras el clímax, el cobarde encuentra el valor, el perdedor gana, los santos cometen pecados, los pecadores se redimen, Alma decide abandonar su vida de lujo y vivir con Bertrand lejos del esplendor de la corte.

Cuando llegamos al clímax **el lector debe estar en el máximo punto de tensión**. Las escenas que nos llevan hasta él serán cortas, ágiles, sin superficialidades. Es como una flecha que está a punto de impactar contra la diana.

Veamos el clímax de Alma:

| TRAMAS 1: Alma ha demostrado a Bertrand lo poderosa que es, en la dama | | ¿CÓMO RESUELVE BEL FRANCES EL CLÍMAX? Alma recibe una |
| --- | --- | --- |

| | | |
|---|---|---|
| sofisticada que se ha convertido | | carta de su prima Margot. En ella le dice que es feliz. En ese momento comprende que todo su poder, todas sus riquezas no son nada sin el amor del hombre al que quiere, Bertrand. Mientras manda una carta al mariscal rechazando su oferta, regala todos sus lujosos vestidos a las criadas. Pide que le enganchen el carruaje más sencillo, se pone un sencillísimo vestido de algodón blanco, y parte en busca de Bertrand. |
| **TRAMA 2**: Bertrand cree que la ha perdido para siempre, solo preocupada por el poder, y se marcha de París | **HEMOS LLEGADO AL CLÍMAX.** TODOS ESTOS CONFLICTOS LLEVAN AL LECTOR A UNA SITUACIÓN DE INTRIGA QUE EL ESCRITOR DEBE RESOLVER CON ÉXITO | |
| **TRAMA 3**: El mariscal Bernadotte, futuro rey de Suecia, le ofrece a Alma acompañarlo a la corte como una reina | | NOS ENCONTRAMOS CON LA MISMA MUCHACHA SENCILLA Y SENSIBLE QUE EMPEZÓ EN LA NOVELA, PERO TRANSFORMADA POR LA EXPERIENCIA VIVIDA. |

El clímax no es el fin de la historia, aún le quedan unas páginas, pero sí es el punto en donde el conflicto principal es enfrentado por los personajes y resuelto.

**Al terminar la historia debe haberse probado nuestro planteamiento del tema**, por ejemplo:

- El orgullo es perjudicial para el amor
- El poder corrompe, el amor repara
- El pasado puede ser redimido sin traumas

Pero, ¿cuáles son los elementos de un buen clímax en novela romántica?

- Debe causar sorpresa
- Debe transmitir en el lector emociones poderosas
- Debe dar una solución que satisfaga al lector
- Debe reparar la imagen de los personajes principales.
- No puede dejar respuestas pendientes.

Después del clímax la obra debe terminar. Ya no quedan interrogantes, el lector se ha relajado, y tiene una sensación de alivio. Ahora solo debemos plantear un futuro, solo apuntarlo. La estructura de la novela está terminada.

## j) La distribución de los capítulos

Una cosa es que la novela esté dividida en tres cuerpo; otra muy diferentes su división en capítulos.

Por cuestiones de extensión, es el desarrollo el cuerpo de la novela que más capítulos tendrá, pero tanto el planteamiento como el desenlace pueden estar compuestos por tantos como sea necesario.

Veámoslo una vez más en el caso de *Alma*.

| | PLANTEAMIENTO<br>N° capítulos:1<br>N° páginas: 27 |
|---|---|
| N° DE CAPÍTULOS<br>DE LA NOVELA:<br>**8** | **DESARROLLO**<br>N° capítulos:5<br>N° páginas: 220 |
| N° DE<br>PÁGINAS:<br>**314** | **DESENLACE**<br>N° capítulos:2<br>N° páginas: 67 |

El **capítulo** también debemos entenderlo como una unidad. Debe estar compuesto por tanto por un planteamiento, un desarrollo y su propio desenlace. Este desenlace nos puede dar algunas soluciones y plantear nuevas incógnitas a resolver en próximos capítulos para mantener la tensión de la trama.

El capítulo puede estar dentro de la unidad espacio temporal, o romper esta unidad.

- **UNIDAD ESPACIO/TIEMPO DENTRO DE UN CAPÍTULO**: Todo el capítulo de desarrolla en un mismo escenario y no hay salto de tiempo en la acción; narra un hecho en tiempo real

- **RUPTURA DE LA UNIDAD ESPACIO-TIEMPO DENTRO DE UN CAPÍTULO**: O el capítulo se desarrolla en diferentes escenarios, o hay saltos de tiempo dentro de la acción, o ambos a la vez

## k) Resumen del capítulo 3

1. La estructura tiene tres claves: el Planteamiento, el desarrollo y el desenlace.
2. Una buena estructura es aquella que está bien centrada, tiene un impulso contante hacia el clímax, y es clara.
3. La estructura en la novela romántica suele componerse de tres cuerpos y dos cambios de rumbo, un al final del primer cuerpo y otro al final de segundo.
4. La estructura en este género suele empezar con un detonante, que puede ser una acción o un diálogo clave. Es un impulso que pone en marcha la trama.
5. En el clímax, los personajes se enfrenta con el conflicto principal de la obra y salen transformados.
6. Ubicar los hitos nos permite tener un plano previo de la estructura.

## l) Algunos ejercicios para cimentar los conocimientos de este capítulo

**LECTURA 1**

—¿Ha perdido el juicio, lady Alexandra? —el profesor Atler dejó caer el informe sobre la mesa como si la tinta de aquellos papeles pudiera contagiarle alguna enfermedad.

—Alguien en este museo es un ladrón, profesor— consiguió decir Alexandra Marshall sin aclararse la ronquedad de la garganta—. He realizado mi investigación, y me limito a comunicarle mis descubrimientos. No estamos ante un caso de identificación equivocada.

—Una acusación de esta magnitud es excesiva. Por los clavos de Cristo...

Aquel exabrupto del profesor le resultó tan chocante que la hizo pestañear y, al instante, supo lo que sería enfrentarse a la horca. La expresión «matar al mensajero» había adquirido un nuevo significado para ella.

**Donde el corazón duerme**, de Melody Thomas
(Plaza&janés)

## LECTURA 2

No hay nada como el dinero para estimular el deseo de una mujer... Lydia Harcourt sonrió triunfante frente a las dos cartas abiertas que se encontraban en el plato. Tarareando felizmente, renovó su chocolate con un chorro de la tetera de porcelana. Promesas de pago generoso. Suficiente para saldar las cuentas, si así lo quisiese. Pero los acreedores, tan desesperados ante las deudas, también podían ser fácilmente disuadidos. Cogió la carta más cercana y la releyó mientras sorbía el chocolate, saboreando su victoria: mil libras. Aunque en realidad, Norton pagara más. Quizás, si lo *presionara... Lydia apoyó la taza en el plato y con un lujurioso bostezo, se desperezó. Ella era una de las pocas incógnitas que sabía qué mañana era esa. Cogió la tercera carta recibida en el correo de la mañana. Ésta prometía ser su Coup de grâce. Ninguno de sus amantes pudo jamás ocultarle secreto alguno. Un talento que ahora le serviría. Con un movimiento rápido del abrecartas, sacó suavemente la delgada hoja. Para ser un duque, Montberry usaba el papel más barato. Tampoco había gastado mucha tinta. Una simple línea cruzaba la página. «Pública y maldita seas». Y debajo, firmado «Montberry», rubricando la «M» y la «y».¡Maldito sea! ¿Realmente deseaba que la alta sociedad supiese cuán espantosamente aburrido era en la cama? ¿O conociese sus preferencias? La haute ton lo consideraba un héroe, un gran hombre, que trascendía a la vida misma. ¡Qué gracioso cuando todos supieran la verdad! Arrojó a un costado las cartas, agitó la cabellera suelta. Rodesson prefería su cabello suelto en ondas brillantes. Por alguna razón, el excéntrico artista disfrutaba de sus deseos carnales antes del mediodía. Su sexo hirvió ante el pensamiento del próximo encuentro y permitió que una lasciva sonrisa le curvara los labios, aun a riesgo de arrugarse. Sería un placer destruir a Rodesson después de los cuadros burlones que había pintado de ella. No le daría ni siquiera la oportunidad de sobornarla. En realidad, hoy comenzaría con las letras «R», «S» y «T». Hojeó el pequeño libro encuadernado en cuero que reposaba en su mano derecha. Por suerte, había mantenido registros meticulosos. Después de veinte años, una mujer suele olvidar a los hombres a quienes dio placer.*

*Cuando tan pocos se lo dieron a ella...*

**Pecados**, *de Sharon Page (Valery*

1. Estos dos textos son los Detonantes con lo que empiezan dos novelas románticas. Una de Melody Thomas y otra de Sharon Page: Razónalos según lo aprendido en este capítulo. ¿Qué impresión te causan como lectora?
2. En este capítulo hemos hablado de la estructura. Piensa en la última novela romántica que hayas leído, o en tu favorita. Describe las siguientes partes: El detonante, el primer cambio de rumbo, el segundo cambio de rumbo, el clímax.
3. De esa novela... ¿Qué extensión (en n° de páginas) encuentras entre el final del clímax y el fin de la novela?
4. **Vamos a seguir trabajando en tu novela**. Ahora vamos a empezar a plantear la estructura del argumento que seleccionamos en el capítulo pasado. Con una extensión no mayor de cuatro líneas por cada una de las partes, desarrolla los siguientes HITOS (tanto en la trama principal como en la romántica ) y recuerda que en algunos puntos pueden estar superpuestas ambas tramas:

PRIMER CUERPO: PLANTEAMIENTO

- Detonante:
- Planteamiento (líneas generales de qué sucede en él)
- Primer cambio de rumbo

SEGUNDO CUERPO: DESARROLLO

- Desarrollo (líneas generales de qué sucede en él)
- Segundo cambio de rumbo

# TERCER CUERPO: DESENLACE

- Clímax
- Final

# 4. NECESIDADES DE LA ESTRUCTURA

## a) Introducción

Quizá los capítulos vertebrales de este manual sean el 3 y el 4, porque buscan la solución a uno de los problemas básicos de muchas autoras de novela romántica, como es la estructura.

Habrás observado que en el capítulo anterior nos centramos en el *planteamiento* (uno de los tres cuerpos que conforman la novela junto al *desarrollo* y el *desenlace*) y apenas hablamos del desarrollo, que es la parte más extensa. La explicación es que es ahí donde se dan muchos de los problemas que suelen aquejar a la estructura, y en el capítulo 4 intentaremos verlos y buscar soluciones.

La estructura que estamos planteando para la novela romántica es la habitual. Debes manejarla a la perfección, y una vez sepas trabajar sus claves, **tu obligación como escritora es buscar nuevas estructuras**, más originales, que ofrezcan las mismas ventajas.

*La novela romántica es un género narrativo que funciona a través de un equilibrio entre lo inmutable y lo nuevo. Yo te enseñaré lo inmutable. Dentro de ti debes encontrar lo nuevo.*

Así, todos los lectores reconocen rápidamente un número de tramas fundamentales en toda obra y pueden predecir sin error que habrá un final optimista. Pero esta monotonía aparece cada vez bajo un aspecto diferente gracias a la variación de las tramas secundarias y de ciertos elementos argumentales.

En ellos nos centraremos en este capítulo y en los problemas que suele plantearnos la estructura.

## b) Combinaciones en las tramas

Vamos a ver lo que hemos aprendido en el capítulo anterior llevándolo a la práctica con un ejemplo; utilizaremos el argumento que estamos creando y al que hemos llamado ARGUMENTO 3. Paralelamente tú debes estar trabajando ya en tu novela, siguiendo los mismos pasos que estamos dando en este manual. Diferenciaremos la Trama Principal de la Romántica. Vamos a ver los Hitos fundamentales de esta novela vistos desde los puntos máximos de tensión (detonantes, cambios de rumbo, clímax, etc.)

---

**INICIO (DETONANTE)**: el ataque de un ejército a una ciudad del norte. Ella está a punto de ser agredida. Su padre la salva y muere en el intento. Le hace prometer que huirá al sur y cuidará a los necesitados.

**PLANTEAMIENTO**:
**Trama Romántica**: ella es apresada para curar al faraón. La encierran en palacio, en el harem. Ella es maltratada por las demás mujeres, rivales en el amor. Conoce al faraón y ella lo trata con desdén. Acepta curarlo solo si le promete que creará una Casa de la Vida donde atender a los necesitados. Acepta. Comienzan la cura
**Trama Principal**: el ejército enemigo se aproxima al sur. El visir se hace cargo del mando de las tropas. El faraón debe organizar la defensa de la capital. Una epidemia le deja sin hombres capaces.

**1º CAMBIO DE RUMBO**:
**Trama Romántica**: ella descubre que las mujeres del harem son

---

concubinas del anterior faraón. Él no tiene esposa ni concubinas. Solo guerrea.

**Trama Principal**: el faraón descubre que su visir es un traidor. Se encuentra enfermo, con poco más que su guardia personal, y el enemigo sitiando la ciudad.

## DESARROLLO:

**Trama Romántica:** se van enamorando mientras todo es desolación. Ella cuida del faraón y de los desamparados, él intenta organizar la defensa de la ciudad. Le pide a ella que escape. Ella se niega.

**Trama Principal**: el visir le propone un trato al faraón; rendirse a cambio de su vida. El pueblo será castigado. Él se niega. La epidemia diezma al pueblo y cada vez hay más insurrecciones. Hay un intento de revuelta.

## 2º CAMBIO DE RUMBO

**Trama Romántica y Trama Principal**: un anciano enfermo le dice a ella que hay una salida secreta de la ciudad. Ella quiere salir en busca de ayuda, nadie sospechará de una mujer. Él se niega, pero ella lo convence. Declaración de amor.

## CLÍMAX Y FINAL:

**Trama Romántica y Trama Principal**: la ciudad es atacada y las murallas caen. El pueblo lucha, pero el enemigo avanza. Ella logra escapar y avisa a los ejércitos del sur que no saben de la situación. El faraón lucha en las murallas a pesar de estar débil. Cuando todo está perdido, aparecen los salvadores. Hay un enfrentamiento a muerte con el visir. Ella interviene y salva la vida del faraón que está herido. El enemigo huye y es perseguido hasta la frontera. Ellos se besan mientras Sol se esconde en el desierto.

Aquí tenemos **la estructura básica de la novela** dividida en las dos tramas básicas (observa que en algunos puntos se unen siendo una sola). A partir de ella debemos plantearnos los puntos principales, que son el detonante, los cambios de rumbo, y el clímax, y

**proponer otras opciones para ver qué tal funciona.**
Vamos a proponer cambios con objeto de mejorarla.

| DETONANTE | 1° CAMBIO DE RUMBO | 2° CAMBIO DE RUMBO | CLÍMAX |
|---|---|---|---|
| **Ataque de un ejército a una ciudad del norte donde ella vive.** | **TR:** ella descubre que el faraón no tiene a ninguna mujer en su vida **TP:** el faraón descubre que su visir es un traidor y que la ciudad está a merced del enemigo. | **TR y TP:** un anciano enfermo le dice a ella que hay una salida secreta de la ciudad. Ella va a ir en busca de ayuda. Él se niega, pero ella lo convence. Declaración de amor. | **TR y TP:** ella escapa y avisa a los ejércitos del sur, que consiguen aplastar al enemigo. Ellos dos se encuentran y hay un final feliz. |
| Arriba tenemos la novela tal y como la hemos pensado en un primer momento. Abajo, tras un periodo de reflexión sobre lo escrito, hemos hecho cambios. Otros detonantes. Otros clímax. Etc. | | | |
| Una conversación entre el visir y el jefe del ejército invasor. | **TR:** ella es **mordida por un áspid mientras se baña sola en el río. Él, que está cerca, le salva la vida.** **TP:** el faraón | **TR y TP:** justo cuando ella descubre que lo ama, una de las mujeres del harem le anuncia que al día siguiente se celebrará la boda del faraón con una princesa siria para que su | **TR y TP:** cuando ya no hay esperanzas, el faraón comprende que el visir es el traidor. Lucha. El visir la apresa a ella para protegerse. |

115

| | descubre que hay un pasadizo para huir de la ciudad. En caso de necesitarlo, puede ser usado. | padre le preste ayuda en la guerra. | A él no le importa morir por salvarla. Comprende que la ama. Llegan ejércitos del sur. Los salvan. |
|---|---|---|---|
| Llegada con un gran boato de la princesa de Siria que se casará con el faraón. | **TR**: la princesa intenta envenenarla, pues ve cómo la mira el faraón. Ella cae enferma también. **TP**: llega un mensajero herido del sur. Los ejércitos no saben qué sucede y esperan su orden para volver y proteger la ciudad. | **TR y TP**: llega el ejército del sur y aplasta a los conquistadores. El rey está recuperado y el reino a salvo. Ella ya no tiene nada que hacer allí y simplemente, sin anunciarlo, se marcha. | **TR y TP: Ella está en una pequeña aldea cuando llega un mercader para que lo cure. Es el faraón. Ha renunciado a su corona para estar con ella. Empiezan una nueva y feliz vida juntos.** |

Cuando ya tenemos perfilada la historia (en los primeros cuatro cuadros) una buena forma de hacer trabajar la imaginación es buscar nuevos puntos principales para ver qué tal funcionan. Aquí hemos probado con varios. Como verás, la historia cambia radicalmente. ¿Cuál elegimos? **Siempre debemos elegir el que aporte un mayor impulso a la novela.**

Nosotros hemos elegido los que están en negrita. Ahora debemos remodelar el resto del esquema para que estos nuevos elementos encajen a la perfección.

## c) Las tramas secundarias

La novela romántica es de larga extensión, por lo que nos permite trabajar con tramas adicionales, o subtramas, o tramas secundarias, que debemos encajar a la perfección en la estructura que vimos en el capítulo anterior.

*Las tramas secundarias sirven para dar acción a la historia y para decir otras cosas que quedan fuera de lugar con la trama principal.*

Se ha dicho que la trama principal conduce la acción, la romántica conduce a los personajes, **y la secundaria el tema**.

En nuestra metodología, hemos diferenciado desde el principio entre la **trama principal** y la **romántica** precisamente por esta razón; porque es importante saber dónde empieza una y termina la otra. También les hemos dado a ambas la misma categoría de *principal*, especificando lo predominancia de una u otra dependiendo del género. Además podemos incluir tramas secundarias **siempre y cuando ayuden a desarrollar la acción de la novela** (Trama de Acción) o **favorezcan al tema** (Trama de Personajes).

| TRAMA PRINCIPAL | El nuevo Faraón ha sido hechizado por los sacerdotes del ejército que están |
|---|---|

| | conquistando el país. Guerra. Acción. |
|---|---|
| **TRAMA ROMÁNTICA** | Una sanadora es llamada a palacio para salvar la vida del faraón. Empieza una historia de amor |
| **TRAMA SECUNDARIA 1** | La prometida del faraón, una princesa siria, maquina para deshacerse de la sanadora. |
| **TRAMA SECUNDARIA 2** | La madre de la sanadora, que creía muerta, la busca para contarle un gran secreto. |

Como ves en el ejemplo anterior, la función principal de las tramas secundarias es la de **dar dimensión a la novela**. Es la que profundiza en la historia de forma que esta no sea una simple anécdota lineal guiada por la mera acción o por los diálogos entre personajes principales, y debe interrelacionarse con las tramas principales.

Estas tramas pueden tratar de cualquier asunto.

- Otras historias de amor que refuercen o debiliten, según nos interese, la Trama Romántica.
- Temas importantes, como el honor, la pobreza, la injusticia.
- Ocultar o potenciar defectos o virtudes de los personajes.
- Contribuir a dar impulso a la Trama Principal.

## d) La estructura de las tramas secundarias

Las tramas secundarias funcionan igual que la principal y la romántica; tienen un planteamiento, un desarrollo y un desenlace. Poseen cambios de rumbo, que pueden reforzar los de las demás tramas si tienen lugar justo antes o después de los cambios de rumbo de las principales. Otras veces se encuentran muy separadas. Por ejemplo, si el cambio de rumbo de una trama secundaria tiene lugar en la mitad del segundo cuerpo o del tercero. Otras veces la trama secundaria no comienza hasta después del primer cambio de rumbo de la Trama Principal. Veamos las diferentes combinaciones y lo que conseguimos con cada una de ellas.

**TRAMAS PRINCIPAL, ROMÁNTICA Y SECUNDARIA CON ESTRUCTURA DE REFUERZO DE CAMBIOS DE RUMBO**

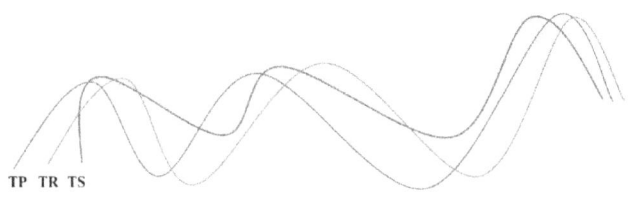

TP  TR  TS

Observa cómo los puntos de tensión de las tres tramas están en las mismas zonas del esquema; en la zona de los cambios de rumbo (también del clímax). Esto propicia que la novela tenga un gran impulso en las zonas más destacadas pues todo el esfuerzo constructivo de la estructura está creado para esto.

## TRAMAS PRINCIPAL, ROMÁNTICA Y SECUNDARIA CON ESTRUCTURA DE MANTENIMIENTO DE TENSIÓN

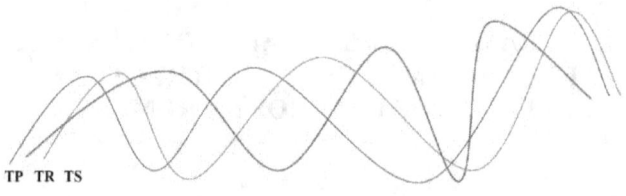

TP TR TS

En este segundo caso observa cómo los puntos de tensión de las tres tramas se reparten a lo largo de la estructura. Con esta composición conseguimos una obra con la tensión continuada a lo largo de la misma, aunque con menor golpe de efecto.

# TRAMAS PRINCIPAL, ROMÁNTICA Y SECUNDARIA CON ESTRUCTURA DE GIRO DE LA ACCIÓN

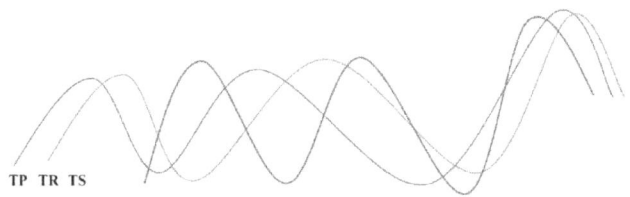

TP TR TS

Por último nos encontramos ante una estructura que es la fusión de las dos anteriores. En este caso la tensión se mantiene a lo largo de la novela, pero hay .una importante bajada de acción antes del clímax, lo que hace que cuando lleguemos a él éste sea más potente. Esta estructura podemos configurarla no solo para potenciar el clímax, sino cualquier otro punto de tensión de la novela.

## e) Problemas con las tramas secundarias

Las tramas secundarias también pueden ser responsables de los problemas de estructura de muchas novelas románticas. **La razón principal es que no estén bien integradas**. Si trabajar diferenciando la Trama Principal de la Romántica ya es complicado, añadir nuevas subtramas puede ser un problemas si no las planificamos adecuadamente y controlamos su evolución. Vamos a ver detenidamente los problemas que plantean las tramas secundarias y cómo solventarlos.

**LA TRAMA SECUNDARIA NO ESTÁ BIEN INTEGRADA**

**PROBLEMA**: a veces las tramas secundarias funcionan de forma tan independiente que casi forman una novela aparte.

**SOLUCIÓN**: Debemos plantearnos desde el primer momento que estas tramas son un apoyo para la principal y la romántica y que actúan en función de las otras dos, por lo que deben estar perfectamente integradas.

**LA TRAMA SECUNDARIA CARECE DE ESTRUCTURA**

**PROBLEMA**: o le falta el desenlace, o algún cambio de rumbo, o todo el desarrollo.

**SOLUCIÓN**: esto sucede cuando no se planifica desde el principio. En una novela con tres tramas actuando a la vez es fácil perder el hilo de alguna de ellas. Debe haber una planificación previa de las tramas como se indica en éste y en el capítulo anterior.

**LA TRAMA SECUNDARIA DIVAGA**

**PROBLEMA**: sucede cuando la trama secundaria se utiliza para explicar cuestiones que el autor cree relevantes pero que no encajan en las principales.

**SOLUCIÓN**: hay que

entender estas tramas como puntos de impulso, nunca como elementos de ampliación de contenidos, o elementos descriptivos. Eso significa que deben tener su propio desarrollo interno.

## LA TRAMA SECUNDARIA ESTÁ POCO DEFINIDA

**PROBLEMA**: sucede cuando la trama secundaria está tan próxima a las principales que no se identifica, o cuando es tan endeble que apenas destaca.

**SOLUCIÓN**: en ocasiones como la anterior debemos plantearnos si de verdad necesitamos introducir una trama secundaria

## LA TRAMA SECUNDARIA DESORIENTA AL LECTOR

**PROBLEMA**: sucede cuando la trama secundaria tiene tanto carácter que el lector puede llegar a confundirla como una de las principales, por lo que nuestra estructura se derrumba

**SOLUCIÓN**: puede tener todo el carácter que queramos siempre que vaya en función de las tramas principales. Nunca puede confundirse con ellas ni sustituirlas.

*TRUCO: desarrolla cada trama secundaria por separado, para ver qué tal funciona sola.*

## f) Cómo mantener la tensión

Otro de los problemas más acusados en la novela romántica es que el *Desarrollo* parezca interminable.

La mayoría de las veces esto es por falta de **impulso** y por la **dispersión de la línea argumental**. La novela no se mueve y no estamos seguros de qué pasa ni por qué sucede.

La explicación es **que nos estamos desviando de esa columna vertebral que habíamos trazado**. De pronto el lector ve aparecer escenas sin ninguna relación, contempla cómo los personajes empiezan a hablar cuando deberían estar actuando, o deciden actuar cuando el lector necesita una explicación. O es posible que la historia evolucione demasiado deprisa o demasiado despacio, o se nos pierdan los cambios de rumbo.

*TRUCO: Si el planteamiento es claro, ayudará enormemente al desarrollo. Un cambio de rumbo fuerte también facilita las cosas para que el segundo cuerpo se mueva con fluidez*

Pero de todo esto, quizá lo que tiene más importancia es el **IMPULSO**.

El impulso tiene lugar cuando un capítulo (o una escena dentro de un capítulo) conduce **de forma natural** al siguiente y así sucesivamente.

Cuando los capítulos y escenas está conectados con una **relación causa efecto** cada uno de ellos hace progresar la acción acercándola hacia el clímax.

*IMPULSO: acción / reacción*

## g) El Hito como impulso

Recuerda que desde el principio hemos considerado los hitos como un **incidente o suceso dramático**. Estos sucesos dramáticos, por su naturaleza, **provocarán una reacción en la obra**. La concatenación de acción/reacción **marcará el impulso** de nuestra novela. Veámoslo con un ejemplo en la Trama Romántica.

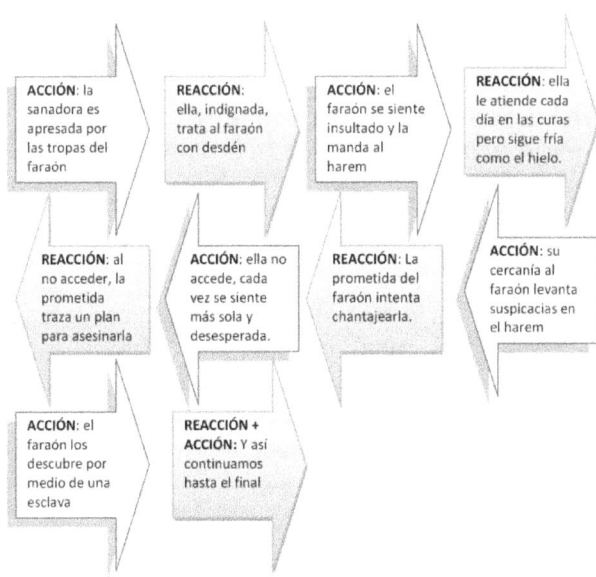

Esta estructura dentro de cada trama, de los capítulos o de las escenas, dentro, en general, de todo el argumento, es lo que nos permitirá **dar el impulso**

necesario para que el lector se *enganche* a la novela. Debemos cuidarlo especialmente en el *Desarrollo*, que es el cuerpo que suele tener problemas de atención.

Hasta aquí hemos hablado de varias técnicas para mantener el interés dentro de la novela romántica. Veamos ahora otras seis técnicas más que son también importantes pero que podemos usarlas o no dependiendo de los problemas que nos plantee la Trama.

*RECUERDA: el detonante y los cambios de rumbo sí son obligatorios en la estructura que proponemos.*

## h) Técnicas para mantener el interés

### 1. LA BARRERA

Consiste en ubicar un obstáculo en el punto que nos interese de la trama y que detenga la acción del personaje. A pesar de detener la acción, debemos entender la barrera como un punto de acción, ya que fuerza al personaje a tomar una nueva decisión, o comenzar una acción nueva, o a continuar en otra dirección. Detiene, no paraliza.

**Su funcionamiento es**: detiene la acción por un momento y fuerza al personaje a rodear la barrera y continuar. Si se utiliza con moderación, puede ayudar mucho al desarrollo de la novela.

*EJEMPLO. SUBGÉNERO PARANORMAL. La protagonista ha seguido las huellas de los licántropos y sabe dónde está su guarida. Cuando llega allí no hay nada. Debe replantearse la información y empezar en otra dirección.*

## 2. LA COMPLIACIÓN

La complicación es otro punto de acción, pero en este caso no va a provocar una reacción inmediata. Al contrario que el anterior, éste no tiene el poder de hacer girar la historia pero sí **la mantendrá en movimiento durante más tiempo**. Es un modo de *obstaculizar* el camino trazado para un personaje.

*EJEMPLO. SUBGÉNERO SUSPENSE ROMÁNTICO: Durante la persecución del asesino, el protagonista contamina la escena del crimen. Esto hará que, más adelante, durante el juicio, las pruebas halladas no sean aceptadas.*

## 3. EL REVÉS

El revés es el punto de acción más fuerte que podemos introducir en una trama. Producirá un cambio radical en la dirección de la historia. Es como pasar de los positivo a lo negativo o viceversa. Es, incluso, más fuerte que la mayoría de los cambios de rumbo. Un giro completo. Puede ser físicos (de la acción), pero también emocional (de los personajes). Utilizar un revés como cambio de rumbo puede dar un magnífico impulso a la novela. Raras veces se utilizan más de dos a lo largo de una trama, ya que de lo contrario la historia pierde credibilidad.

## 4. ANTICIPACIÓN Y CUMPLIMIENTO

Este recurso dinamizará la acción a medio plazo. Introducirá un elemento de amenaza que puede cumplir su función o no en el futuro. Suele ser habitual en las novelas en las que el misterio es importante en la trama, como el suspense romántico, la ciencia ficción, o la novela paranormal.

*EJEMPLO. SUBGÉNERO CIENCIA FICCIÓN: Un virus alienígena oculto en un meteorito. Vamos viendo a lo largo de la trama cómo la radiación solar está dejándolo libre. Hasta que esto sucede (o no) en el clímax.*

## 5. MOTIVOS RECURRENTES

Se trata de un motivo o de un ritmo recurrente, que se emplea a lo largo de la novela para profundizar, dar mayor dimensión a la línea argumental, y añadir relieve al tema. Necesitará al menos tres entradas (apariciones) para ser detectado por el lector.

*EJEMPLO. SUBGÉNERO CHICK LIT: Los protagonistas siempre se encuentran cuando ella está en una situación estrafalaria, lo que acentúa el malentendido: mientras besa a un amigo homosexual,*

*este amigo en su casa en pijama, o de la mano por la*
*calle, etc. esto le hace pensar a él que está con otro.*

## 6. REPETICIÓN Y CONTRASTE

Repetición de diálogos, acciones o escenas para incidir en la idea o en el tema. Podemos usarlo para mostrar las diferencias entre personajes, escenas, lugares, ambiente. ...

*EJEMPLO. SUBGÉNERO CONTEMPORÁNEO: Uno de los personajes bebe toda la noche, después lo vemos durmiendo la borrachera, en otra escena soportando un dolor de cabeza. La repetición nos permite hablar sin nombrarlo, en este caso, del alcoholismo.*

# i) El erotismo

Como escritores y escritoras de novela romántica, debemos entender el erotismo **como una herramienta de trabajo** imprescindible en el género que vamos a cultivar. Desde el subgénero *Regencia* hasta el *Romance Erótico*, el erotismo está presente en la novela romántica al igual que el amor, o el conflicto.

Dependiendo del subgénero que cultivemos, el nivel erótico será mayor o menor, al igual que la tensión erótica. El **erotismo se ocupa de todo lo relacionado con las relaciones sensuales**, y no simplemente con el acto sexual y todas sus proyecciones

Por lo tanto, el erotismo no implica expresamente la descripción de relaciones sexuales; en una novela *Regencia* no tienen por qué aparecer, en una *Erótico Romántica*, sin embargo, es obligatorio. Vamos a ver una estimación del nivel de erotismo según subgéneros.

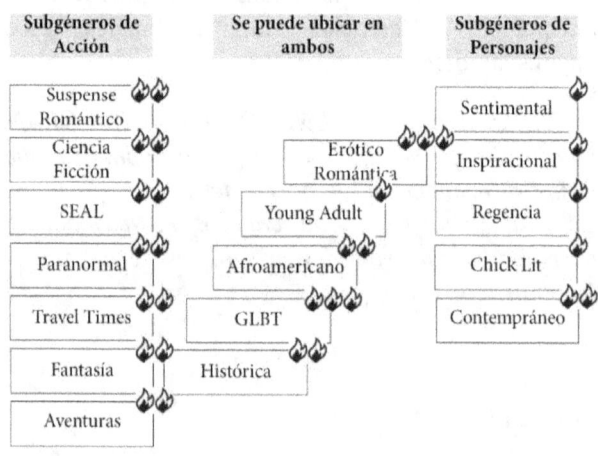

En el esquema anterior vemos, por subgéneros, el nivel de erotismo habitual en cada uno de ellos representado por el número de *llamas*). Insistimos en que podremos encontrar una novela *Inspiracional* con un altísimo grado erótico, o una *GLBT* en la que no haya sexo, pero por lo general, los subgéneros funcionan como hemos visto en la cuadro anterior.

¿Qué entendemos con cada uno de estos conceptos?

- **NIVEL BAJO DE EROTISMO**: aunque durante toda la novela existe tensión erótica entre los personajes, ésta no es explícita, ni se describen escenas de sexo.

- **NIVEL MEDIO DE EROTISMO**: existe durante toda la novela mayor tensión erótica entre los personajes, pero ésta solo suele ser explícita una vez estemos cerca del clímax, y a partir de ahí se describen escenas de sexo, siempre como un accesorio.

- **NIVEL ALTO DE EROTISMO**: la tensión erótica explicitada mediante escenas de sexo aparece desde el principio de la novela, convirtiéndose en uno de los motores de la trama.

Según el cuadro de subgéneros, vemos que los subgéneros de acción utilizan el erotismo como una **herramienta más** para **mantener el impulso**, los subgéneros de personajes lo utilizan para **mantener la tensión entre personajes**, y los subgéneros mixtos, en función de sus necesidades.

## NOVELA ERÓTICO ROMÁNTICA Y NOVELA ERÓTICA

Hay una diferencia fundamental entre una y otra. Mientras que en la primera, el hilo conductor de la historia es el amor, en la segunda no es necesario; puede ser el deseo, una obsesión, una ilusión, una fantasía, etc.

La novela erótico romántica puede desarrollarse en cualquier subgénero y cada vez se publica más. Podemos comprobarlo con el éxito de *"Cincuenta sombras de Grey"*, o con las últimas entregas de Megan Maxwell.

Es necesario conocer las claves del erotismo para su utilización como herramienta.

## PRINCIPIOS CLAVES DEL EROTISMO EN LA NOVELA ROMÁNTICA

- **SUGERIR:** La herramienta principal del erotismo es lo que se sugiere. Evitemos lo evidente, no por mojigatería, sino porque es una mala acompañante de las situaciones erótica. Es importante que desde que comience la tensión erótica entre los personajes, ésta empiece a sugerirse por medio de pequeños detalles; miradas, pensamientos, situaciones.
- **ESCENAS EQUÍVOCAS:** Los dobles sentidos, en los diálogos y en las acciones, suelen reportan una importante carga erótica. Acariciar a un caballo, comer una fruta, chupar un trozo de hielo, etc., son trasladados mentalmente a situaciones sensuales, ya que se mueven en claves conocidas por el lector.
- **DOBLES INTENCIONES:** Hablar de una cosa cuando estamos hablando de otra. Hacer una cosa cuando estamos queriendo hacer otra. Imagina que el protagonista le cuenta a su heroína que está decidido a montar a esa yegua, cueste lo que cueste. Imagina que la protagonista se pone la camisa de él, y juega con ella sobre su piel.
- **MANTENER LA TENSIÓN ERÓTICA:** La tensión erótica funciona como una trama aparte; tiene un planteamiento, donde se suelen exponer las posiciones de partida de los amantes, un desarrollo que se solapa con

el desarrollo de la Trama Romántica, y un desenlace que puede ser una escena de sexo o la insinuación de que el amor sexual se consumará (una boda por ejemplo). Como trama, tiene el mismo funcionamiento que el resto.

• **LÍMITES:** Es difícil hablar de límites. Podríamos decir que el erotismo suele terminar donde empieza otro género que es el pornográfico, donde desaparece la importancia de la trama erótica para tomar importancia únicamente el acto sexual. Aparte de esto, todo vale, siempre que consigamos el efecto que deseamos en el lector.

• **EL FIN:** El fin del erotismo no es otro que la excitación mental del lector. Debemos "excitar" al lector en los puntos en los que nuestra novela necesite impulso, o para remarcar el carácter de un impulso latente. No olvidar que lo utilizaremos como una herramienta de trabajo.

• **LA MIRADA:** La mirada es una de las herramientas principales del eros. Tanto lo que vemos, como lo que no vemos pero sabemos que existe (una falda escocesa; la lectora sabe que no lleva ropa interior, lo que remarca su carácter erótico). A eso hay que sumarle los otros cuatro sentidos.

• **LA ORIGINALIDAD:** Uno de los alicientes del erotismo es la fantasía. Como autores y autoras debemos ser originales al planificar nuestras escenas eróticas; tanto las situaciones previas como la descripción del acto sexual.

• **LA VEROSIMILITUD**: Esta norma no suele cumplirse en la novela romántica, donde estamos acostumbrados a leer cómo una virginal protagonista puede ser toda una experta sexual en su primera relación amorosa, pero debemos tender a ella; las relaciones sexuales deben ser verosímiles.

## j) Teorías sobre la estructura aplicables a la novela romántica

A lo largo de los años se han postulado teorías sobre el hecho narrativo que podemos aplicar a la novela romántica. Para terminar este capítulo es interesante ver alguna de ellas que son especialmente adecuadas a nuestro género, y que funcionan bien a la hora de comprender la estructura interna de la novela.

### TEORÍA DEL BIEN LIMITADO:

Formulada por George M. Foster, intenta explicar el funcionamiento de los personajes en la novela. En las tradiciones literarias orales el héroe o la heroína suelen partir de una situación de *bienes limitados*, es decir, de carencia. Esta limitación puede ser de varios tipos:

- **Material**: uno de los dos protagonistas (él o ella) vive en la pobreza o hay un bien al que no tiene acceso, como una casa, un trabajo, un reino, la salvación espiritual, etc.)
- **Cultural**: alguno de los protagonistas desconoce algo esencial para el desarrollo de la historia, como un secreto, un hecho, o el nombre del asesino.

134

- **Personal**: uno de los protagonistas no puede tener al otro a causa de un impedimento; está casada, su padre se niega, hay un odio antiguo, etc.

Ante estas carencias, los protagonistas comienzan una serie de aventuras que les llevará a obtener el bien que les estaba vedado y, por lo tanto, pasan a una situación de bienes ilimitados.

Sin embargo, se da el caso de que muchas veces se subvierte la evolución normal de la trama. Así, las novelas presentan en ocasiones la caída de una persona o una familia desde una situación de bienes ilimitados a una de bienes limitados (una quiebra, por ejemplo, detonante habitual de las novelas Regencia).

## TEORÍA DE LA DONACIÓN:

Se centra en el principio de que la sociedad humana se basa en un intercambio constante de dones culturales, económicos y de personas cuyo reparto más o menos equitativo origina alianzas, conflictos y relaciones de jerarquía.

Por lo que respecta a la novela romántica, esta teoría es fundamental para explicar el funcionamiento de los personajes caracterizados como donantes. Pero, en realidad, el acto de donación define preferentemente al héroe, pues todas sus acciones están dirigidas a la restauración de un bien robado a la comunidad, a la recuperación de un don que está en manos ilegítimas y a desposeer al villano egoísta de los bienes que no le pertenecen. Aunque durante su gesta necesite aceptar la ayuda de auxiliares (secundarios), una vez que el héroe

135

alcanza una situación de bienes ilimitados necesita (para conservar su carisma heroico) donar todo lo que ha logrado con suma generosidad, repartiéndolo justamente entre sus dueños por derecho.

En el género romántico, si la generosidad del protagonista es ya patente en su pobreza inicial, aún irá aumentado según vaya alcanzando una situación de bienes ilimitados.

El héroe contradonará todos los bienes que haya conseguido a quienes debieran ser sus propietarios. Además, durante su gesta, recuperará también el reconocimiento social que normalmente le fue arrebatado durante la infancia (por un cambio de bebés recién nacidos, una confusión de identidades, etc.). Y, por supuesto, rescatará a su pareja de las manos de su ilegítimo prometido o esposo.

### TEORÍA ANTROPOLÓGICA:

Sugerida por Levi-Strauss. También es susceptible de ser aplicada a la novela romántica ya que está relacionada con la capacidad del héroe para moverse por espacios prohibidos para todos los demás. En este sentido, se podría hablar de la capacidad "penetradora" del héroe, pues éste suele reafirmar su carisma heroico al atravesar espacios muy estrechos, en forma de tubo, en los que los villanos no pueden penetrar o si lo hacen, no pueden salir: pasadizos, escondrijos, desfiladeros, grietas, puertas cerradas, selvas espesas, etc.

Por supuesto, esta penetración también puede tener un carácter sexual. De forma similar, a veces el héroe tiene también la capacidad de moverse por espacios muy anchos y salir indemne de ellos mientras que su oponente perece: el aire, los desiertos, los mares, el espacio exterior, etc.

En todo caso, estos espacios especialmente anchos o estrechos tienen un simbolismo mágico, de entrada a otro mundo, y el héroe no puede quedarse en ellos porque permanecer allí significaría algo negativo.

En el caso de la novela romántica, los héroes se someten a pruebas de penetración de lo más diversas por el amor de sus parejas: cruzan mares, escalan montañas, se esconden en grietas o se abren paso por la selva.

Con respecto a esta teoría, suele darse en la novela romántica (sobre todo géneros históricos) el caso de penetración con un significado sexual relacionado con la pareja de héroes protagonista. Y es que la heroína suele tener una sexualidad por desarrollar, ya sea porque todavía es virgen, ya sea porque está decidida a no consumar su relación; ya sea porque es viuda, etc. Sólo su héroe, debe tener relaciones sexuales consentidas con ella a lo largo de la novela.

## TEORÍA DE LOS CUERPOS ABIERTOS Y CERRADOS:

Enuncia que la apertura simbólica del cuerpo aparece tradicionalmente ligada al pecado y su cierre a la virtud. Es decir, si el cuerpo humano se entiende como un tubo abierto por arriba (boca) y por abajo (genitales) se observará que los héroes y santos tienden a ser austeros

137

en el habla, en la comida y en lo sexual; por el contrario, los villanos suelen ser lujuriosos, comilones, bebedores, charlatanes y bravucones.

Efectivamente, los héroes ofrecen a la comunidad un gran beneficio a cambio de un gasto de dones mínimo por lo que la sociedad les recompensa rodeándolos de un aura de heroísmo o santidad.

Por lo que respecta a la novela romántica, este juicio moral es siempre fundamental. Así, mientras que los villanos, e incluso el héroe antes de ser hechizado por el amor, tienden a ser lujuriosos e infieles, bebedores, glotones y vocingleros, una vez que se consuma la pareja de héroes, incluso si están casados o prometidos con otros, sólo deben tener relaciones sexuales entre sí y deben ser austeros en sus costumbres.

## TEORÍA DEL SECRETO

Es otro núcleo argumental importante en muchos relatos, pues suele ser uno de los motores de la acción y porque su desentrañamiento desencadena habitualmente el fin de la novela.

Según algunas teorías, la importancia del secreto en las narraciones radica en que el poseedor de ese silencio establece una relación de dominio sobre quienes sufren esa discontinuidad del conocimiento. Es decir, el héroe es austero en sus palabras porque así puede administrar mejor sus secretos —sea su identidad secreta, sus poderes, su origen o la fuerza capaz de derrotarlo— y guardarlos de sus enemigos. Pero si el secreto ha sido impuesto al héroe por parte del villano, que se niega a revelarle dónde está la princesa o cómo derrotar al dragón, entonces aquél deberá ser capaz de revelar estos misterios para llevar a cabo su gesta.

La importancia del silencio puede observarse claramente en la novela romántica, donde los héroes suelen tener un secreto que a veces ni ellos mismos conocen. Así, a veces sucede que el héroe o la heroína de la novela tienen un origen familiar misterioso que no es revelado hasta el final: fue secuestrado de bebé, cree ser huérfano pero sus ricos padres lo han buscado siempre, tiene un hermano que no conocía, etc.

También los villanos tienen secretos que quieren ocultar y que suponen su ruina cuando al final son descubiertos por el héroe: son infieles a sus esposos, fingen estar enfermos, paralíticos o embarazadas para retener a sus parejas, etc.

## TEORÍA DEL "YO" Y "LOS OTROS"

Otra teoría en torno al silencio está relacionada con la necesidad de que exista un cierto número de secretos entre el "Yo" y los "Otros" para que se pueda categorizar la personalidad y se construyan relaciones de *don* y *contradon*. Es decir, la "otredad" se crea a partir del desconocimiento que tenemos de los demás; si se parecieran demasiado a nosotros y conocieran todos nuestros secretos, tendríamos un "doble" con el que sería problemático establecer relaciones de donación pues necesitaríamos y ofreceríamos lo mismo.

En la novela romántica se ha explorado mucho el tema del doble, que es siempre presentado como un otro problemático que se parece demasiado a nosotros; así ocurre por ejemplo en los relatos sobre gemelos, incesto, fantasmas, muñecas, marionetas, etc.

## k) Resumen del capítulo 4

1. En este capítulo hemos visto la importancia de replantearse si podemos encontrar detonantes, cambios de rumbo o clímax que funcionen mejor que los planteados a priori.
2. Hemos hablado de las tramas secundarias, su estructura y sus problemas.
3. Hemos visto cómo mantener la tensión, por medio del impulso (acción/reacción).
4. Hemos conocido una nueva función de los hitos; como importantes componentes de la acción.
5. Hemos repasado diferentes técnicas para mantener el interés del lector, como la barrera, la complicación, el revés, la anticipación y cumplimiento, los motivos recurrentes, y la repetición y contraste.
6. Hemos dado un vistazo a una herramienta fundamental en la novela romántica, como es el erotismo.
7. Y por último, hemos repasado algunas teorías literarias en su vertiente de aplicación a la narrativa romántica.

## l) Algunos ejercicios para cimentar los conocimientos de este capítulo

### LECTURA

*—¿Iréis a la feria mañana, señor?— temía no volver a verle y ese pensamiento se le hacía intolerable.*

*—Tal vez –respondió él—, si tengo tiempo.*

*—¡Oh, por favor! Está en el camino real... ¡y vosotros pasareis por allí! ¡Podríais deteneros un momento por lo menos! –su voz y sus ojos rogaban ansiosos, apremiantes.*

*—¡Qué hermosa sois! –dijo lentamente y, por primera vez, parecía decir algo en serio.*

*Se contemplaron unos instantes; luego Ámbar se apoyó en su pecho y cerró los ojos. Las manos de Carlton rodearon su cintura atrayéndola hacia sí; ella sintió los potentes músculos de sus piernas contra su vientre, ella dejó caer la cabeza hacia atrás y entreabrió los labios para recibir el beso. Aunque solo transcurrieron unos instantes antes de que él la liberara de su abrazo, para ella fueron toda una existencia, una eternidad. No obstante, cuando lo hizo, le pareció que había sido demasiado pronto, se sintió defraudada. Abrió los ojos y vio que Bruce Carlton la contemplaba con una expresión de ligera sorpresa, aunque no sabía si dicha sorpresa se la había provocado ella o él mismo. El mundo parecía haber desaparecido. Se sentía tan aturdida como si hubiese recibido un fuerte golpe en la cabeza.*

*—Ahora debes irte, querida –dijo al fin Carlton—, tu familia debe estar preocupada por tu ausencia.*

*Por siempre Ámbar, de Kathleen Windsor (Apóstrofe), escrita en 1944.*

1. Hemos elegido una novela histórica con un bajo nivel erótico, ya que es de 1944. ¿Puedes localizar los recursos eróticos de esta escena?
2. Lee detenidamente el siguiente miniargumento y úsalo como inspiración. Desarrolla después una trama en función del impulso necesario para mantener la tensión. Recuerda que el impulso se conseguía por medio de organizar la trama en acciones y reacciones. (con que pongas ACCIÓN y escribas debajo el texto, y REACCIÓN y hagas lo mismo, es suficiente). Debes escribir en no más de cuatro líneas cada una, y al menos 4 acciones y sus cuatro reacciones, todas en orden, y concatenadas (1,2,3,4,5,6,7 y 8)

*Un atractivo ginecólogo que provoca que las mujeres en su entorno no puedan evitar enamorarse de él. Está a punto de sufrir la primera decepción de su vida al conocer a una inspectora de hacienda que viene a revisar sus cuentas.*

3. Elige cualquiera de las 8 escenas anteriores, y desarrolla un texto de no más de media página con ella.
4. **Tras terminar este capítulo vamos a empezar a plantear las tramas secundarias de tu novela.** Con una extensión no mayor de cuatro líneas por cada parte, desarrolla, tantas tramas secundarias como creas necesarias de forma

individual. Después las usaremos o no, según nos interese.

# 5. LA BÚSQUEDA DEL PERSONAJE

## a) Introducción

Hemos visto una y otra vez que el personaje es la acción. Así que como escritora de novela romántica debes entender que este capítulo trata sobre **cómo articular la acción dentro de tus novelas.**

**Personajes = acción**

Conoceremos cómo construir un personaje romántico, cómo crear sus atributos, qué posibilidades tiene dentro de una historia, qué es el arco de transformación.

En la novela romántica, al trabajar (independientemente del subgénero) una historia de amor, nos vemos obligados a crear personajes con grandes dones. Personajes masculinos y femeninos atractivos para el lector, que quiere enamorarse de uno o de otra.

Es quizá un mito lo de la identificación del lector de romántica con los protagonistas, pero sí puede ser cierto que una novela que te satisface (siempre hablando de romántica) es aquella en la que al final piensas que podrías haberte enamorado de un hombre o una mujer como el que acabas de leer.

Bajo todos estos prismas aprenderemos a crear a nuestros personajes; unos serán fascinantes, otros malvados, alguno descarado y seguro que no nos faltará un "gracioso".

La trama está creada, ahora introduciremos a los actores para que se aprendan el guion.

## b) Pero... ¿qué pueden hacer los personajes?

En principio estamos seguros de que nuestros personajes, tanto él como ella, pueden hacer cualquier cosa dentro de nuestra novela. Un abanico de acciones tan amplio que podemos empezar a divagar hasta encontrar una idea concreta.

En realidad todas estas acciones, que en efecto son posibles, podemos resumirlas en muy pocas, aunque más genéricas y que nos permitirán controlar mejor la función de cada uno de ellos. Empecemos esta clasificación con dos grandes categorías: *Pueden interactuar con otros*, o/y *pueden transformarse*.

Si trabajamos así, casi todas las tramas que puedas imaginar en una novela romántica (observa la que tú misma estás escribiendo durante la lectura de este manual), se pueden englobar dentro de las siguientes posibilidades

### EL PERSONAJE INTERACTÚA CON OTROS EN LA NOVELA ROMÁNTICA

| EL PERSONAJE PUEDE | Sucede cuando el personaje se mueve por un sentimiento opuesto al |
|---|---|

| ENFRENTARSE | amor. *Ejemplo*: la trama se centra entre dos viejos amigos que quieren a la misma mujer. |
|---|---|
| EL PERSONAJE PUEDE AMAR | Suele ser la trama habitual de la novela romántica en sus géneros más livianos. *Ejemplo*: la historia se basa en cómo ella lo conquista a él en una *chick-lit*. |
| UNA MEZCLA DE LOS DOS | Sucede, por ejemplo, cuando el personaje se enamora de quien *no puede*. *Ejemplo*: una noble enamorada de un vasallo en una novela histórica. |

## EL PERSONAJE SE TRANSFORMA EN LA NOVELA ROMÁNTICA

| EL PEROSNAJE ESTÁ DESVALIDO | Sucede cuando el personaje está privado de ayuda o socorro. *Ejemplo*: un personaje femenino en manos de unos piratas. |
|---|---|
| EL PERSONAJE CAE EN LA TENTACIÓN | Sucede cuando el personaje se deja llevar por sus deseos. *Ejemplo*: Un personaje es víctima de un chantaje en una novela de suspense romántico. |
| EL PEROSNAJE SE METAMORFOSEA | Sucede cuando el personaje sufre un cambio radical. *Ejemplo*: una chica pobre e inocente, acaba siendo una rica y despiadada cortesana. |
| EL PERSONAJE SE TRANSFORMA | Sucede cuando el personaje sufre un cambio no radical. *Ejemplo*: un personaje avaro descubre los beneficios de compartir. |
| EL PERSONAJE MADURA | Sucede cuando la historia que contamos imparte una lección al personaje. *Ejemplo*: un adolescente descubre el valor de la amistad. |
| EL PERSONAJE SE SACRIFICA | Sucede cuando el personaje pone su vida (bienes) en juego, o renuncia a algo por otra persona o cosa. |

| | |
|---|---|
| | *Ejemplo*: un personaje renuncia a su amor por el bien de éste. |
| **EL PERSONAJE PAGA EL PRECIO DEL EXCESO** | Sucede cuando el personaje debe pagar excesos pasados. *Ejemplo*: un personaje tiene que pasar pruebas para recuperar su credibilidad ante su amor. |
| **EL PEROSNAJE ASCIENDE** | Historia de la ascensión de un personaje. *Ejemplo*: historia de alguien que va de la nada hasta la cima de la prosperidad económica, amorosa, social, etc. |
| **EL PERSONAJE CAE** | Historia del descenso de un personaje. *Ejemplo*: historia de un personaje que va desde la cima social a la miseria. |
| **EL PERSONAJE DESCUBRE** | Sucede cuando el personaje descubre algo que cambia el rumbo de su historia. *Ejemplo*: el personaje descubre que su amor no es verdadero. |

Si te fijas bien en el cuadro anterior, estamos hablando de **acciones externas e internas**. O lo que es lo mismo, **acciones que van a afectar directamente a la Trama Principal, y acciones que afectarán decididamente a la Trama Romántica**. Aun así, estos Arcos de Transformación (luego veremos qué es eso), podemos usarlos en una y otra trama, así como en las tramas secundarias.

También es limitado el tipo de actos que puede hacer un protagonista a lo largo de la novela. Básicamente podemos clasificarlo en siete situaciones que articularán al personaje a través de la trama.

| **Búsqueda** | Cuando el protagonista abandona su |
|---|---|

| | |
|---|---|
| | mundo rutinario en busca de un objeto preciado o del amor, lo que le permitirá vivir una experiencia nueva a pasar de someterse a numerosos peligros. |
| **Aventura** | Similar a la *búsqueda*, pues también implica abandono de la rutina, sin embargo aquí lo importante es el viaje y no la meta. |
| **Rescate** | Existe un antagonista que realiza la acción de privar de libertad al personaje o a alguien a quien debe salvar. Mientras el protagonista realiza la acción explora un mundo desconocido. |
| **Persecución** | El acto de cazar, pero la propia caza es más importante que quienes están implicados en ella. Aquí es importante el constante cambio de rumbo. No hay respiro. |
| **Huida** | Implica una situación previa de encierro y el punto de vista contrario a la persecución. El ejemplo más claro es la fuga. |
| **Venganza** | Es un acto de justicia guiado por el odio y la pasión, por lo que las más veces resulta desproporcionado. Suele haber a un aprendizaje o un arrepentimiento al final. |
| **Enfrentarse a un enigma** | Suele probar la categoría excepcional del héroe. Suele tener estructura de puzle que solo encaja en el clímax, como el suspense romántico. |

## c) Cómo construir un personaje

Si ya sabemos, básicamente, todas las acciones que puede realizar un personaje dentro de una trama, ahora vamos a ver cómo lo construimos (o deconstruimos, si ya hay alguno férreamente agazapado en tu subconsciente) para adaptarlo a la trama que con tanto cuidado hemos urdido en los capítulos anteriores.

Nunca nos cansaremos de repetir que un mal personaje, y sobre todo en novela romántica, puede dar al traste con una trama magníficamente organizada. **Huyamos de los estereotipos**. Creemos personajes singulares, inolvidables, con voz y vida propia. Como tú misma.

Volvamos al ejemplo que hemos estado usando a lo largo de este manual, y que por ahora solamente llamamos ARGUMENTO 3. (Quizá alguna vez sería interesante convertirlo en novela, quién sabe). Veamos los personajes que, según las tramas diseñadas, hemos creído necesario incluir.

A la vez que generábamos el argumento, ya estábamos generando a los protagonistas (el faraón y la sanadora, por ejemplo). Sin embargo, por ahora son solo don marcas incluso sin nombre. Para empezar a trabajar con los personajes **necesitamos un retrato completo y en profundidad de cada uno**. Para ello vamos a realizar una ficha de cada personaje. En ella recopilaremos toda la información necesaria para conocerlo a fondo.

| FICHA DE PERSONAJE | | |
|---|---|---|
| **Nombre** | | |
| **Papel en la novela** | | |
| | | |
| **ATRIBUTOS** | | |
| **Físicos** | | |
| **Rostro** (se puede pegar una foto) | Cara | |
| | Cabello | |
| | Frente | |
| | Ojos | |
| | Nariz | |
| | Boca | |
| | Cuello | |
| | Aspecto general | |
| **Cuerpo** (se puede pegar una foto) | Busto | |
| | Cadera | |
| | Cintura | |
| | Brazos | |
| | Piernas | |
| | Espalda | |
| | Trasero | |
| | Aspecto general | |
| Psíquico | Carácter | |
| | Humor | |

|  |  |  |
|---|---|---|
|  | Psicología |  |
|  | Inteligencia |  |
|  | Actitud |  |
|  | Aspecto |  |
|  |  |  |
| **PASADO** | Dónde nació |  |
|  | Cuándo |  |
|  | Quiénes son sus padres |  |
|  | Nivel socio cultural y $ |  |
|  | Cuál es su religión |  |
|  | ¿Es practicante? |  |
|  | Qué ideario político tienen |  |
|  | ¿Son militantes? |  |
|  | De qué se ocupa el padre |  |
|  | De qué se ocupa la madre |  |
|  | ¿Tiene hermanos? |  |
|  | Cómo es cada uno |  |
|  | ¿Cómo son las relaciones familiares? |  |
|  | Quién es el más dominante |  |
|  | ¿Estudia? Dónde |  |
|  | ¿Es sociable? |  |
|  | ¿Tiene amigo? Quiénes. |  |
|  | Qué recuerdos tiene de su infancia |  |
|  | Qué recuerdos tiene de su juventud/ adolescencia |  |
|  | ¿Ha estado enamorado/a? |  |
|  | Cómo fue |  |
|  | Qué opina del amor |  |
|  | Otros |  |
|  |  |  |
| **PRESENTE** | Arco de Transformación |  |

|  |  |
|---|---|

Debemos hacer una ficha por cada uno de los personajes. Tanto si son principales como si son secundarios (ésta segunda quizá más ligera). Veamos ahora un ejemplo de ficha rellena. Para ello tomaremos al protagonista femenino de nuestra novela.

| FICHA DE PERSONAJE | | |
|---|---|---|
| | | |
| **Nombre** | Neith | |
| **Papel en la novela** | Personaje principal (protagonista) femenino | |
| | | |
| **ATRIBUTOS** | | |
| **Físicos** | | |
| **Rostro** | Cara | Alargada y morena |
| | Cabello | Negro profundo y rizado en ondas |
| | Frente | Despejada |
| | Ojos | Color café |
| | Nariz | Fina y ligeramente alargada |
| | Boca | De labios gruesos, un poco negroides. |
| | Cuello | Muy esbelto, como Nefertiti. |
| | Aspecto general | Una mujer de belleza espiritual y una gran delicadeza de formas |
| **Cuerpo** | Busto | Normal |
| | Cadera | Estrechas |
| | Cintura | Estrecha |
| | Brazos | Delgados y largos |
| | Piernas | Delgadas y largas |
| | Espalda | Estrecha |
| | Trasero | Normal |

|  | Aspecto general | Estilizada. Todo en ella habla de espiritualidad. |
|---|---|---|
| **Psíquicos** | Carácter | Tranquila y seria. Tiene un sentido trágico de la vida. |
|  | Humor | No ha tenido muchas oportunidades de manifestarlo |
|  | Psicología | Obsesionada con cumplir la promesa hecha a su padre |
|  | Inteligencia | Alta |
|  | Actitud | Laboriosa. Sin vanidades |
|  | Otros | Elevado sentido de la responsabilidad, que le obliga a sacrificar su vida por los otros |

|  | | |
|---|---|---|
| **PASADO** | Dónde nació | En Menphis |
|  | Cuándo | 1.450 a.C. |
|  | Quiénes son sus padres | Un sanador y una bailarina del templo de Hathor |
|  | Nivel socio cultural y €/$ | Medio bajo |
|  | Cuál es su religión | Es adoradora de Hathor, diosa del amor y de la guerra |
|  | ¿Es practicante? | No. Aunque sí devota |
|  | Qué ideario político tienen | Su padre, la defesa de los humildes. Su madre, la posición social y la riqueza |
|  | ¿Son militantes? | Ambos, cada uno en su ideario |
|  | De qué se ocupa el padre | Es sanador del templo de Amón |
|  | De qué se ocupa la madre | La abandonó cuando apenas contaba 5 años |
|  | ¿Tiene hermanos? | No |
|  | Cómo es cada uno | X |
|  | ¿Cómo son las | Con su padre, de auténtica |

| | |
|---|---|
| relaciones familiares? | adoración. Hacia su madre siente un gran resentimiento |
| Quién es el más dominante | Su madre |
| ¿Estudia? Dónde | Estudió en el templo de Hathor |
| ¿Es sociable? | Solo cuando está a gusto. Apenas le da tiempo de visitar a nadie que no sean sus pacientes. |
| ¿Tiene amigos? Quiénes. | Pocos. Solo aquellos enfermos a los que ha sanado. |
| Qué recuerdos tiene de su infancia | Muy tristes. Sobre todo por el abandono de su madre |
| Qué recuerdos tiene de su juventud/ adolescencia | Recuerda la laboriosidad de su padre, y su cariño, anteponiendo siempre el bien del prójimo. |
| ¿Ha estado enamorado/a? | Sí. Una sola vez |
| Cómo fue | Muy mal. Era un soldado. Solo quería el amor de un día. |
| Qué opina del amor | Que es una gran mentira |
| Otros | |

| PRESENTE | Arco de Transformación |
|---|---|
| | Neith se transformará por medio del amor. Desde una posición de partida de absoluto descreimiento, Llegará hasta una situación de confianza ciega en el hombre al que ama. Deberá dejar atrás su experiencia amorosa, pero sobre todo el trauma infantil protagonizado por el abandono de su madre. |

## d) Funciones de los personajes

¿Te gusta la protagonista que hemos creado? Quizá habría que trabajar un poco más con Neith para convertir a ese personaje un poco plano que me ha salido en un personaje estelar. El exceso de docilidad de su carácter puede no funcionar bien con la trama, que necesitará que tome decisiones importantes. ¿O es el contraste con esa docilidad lo que hará que tome brillo? **Hasta ese punto es importante saber cómo son nuestros personajes y pensar a fondo en ellos.**

Los problemas más habituales que nos encontraremos a la hora de leer una novela romántica con respecto a los personajes son:

- Que sean demasiados.
- Que estén poco definidos
- Que sean inconstantes

Estos tres errores pueden llevar al traste una buena historia. Por eso, a partir de **ahora debes ver a los personajes como las funciones que llevan a cabo dentro de la novela.** Esto te dirá si hay alguno que sobra o si algunos tiene más o menos interés que otros. Aquellos que no tienen una función en la novela no deben aparecer.

Tenemos tres categorías de personajes. La segunda de ellas con varias subcategorías:

1. Principales o protagonistas
2. Secundarios
   (1) Secundario de apoyo
   (2) Secundario de dimensiones específicas
   (3) Secundarios temáticos

3. Ambientes

*Es posible que un mismo personaje pueda realizar funciones diferentes, pero nosotros, como escritores, debemos tenerlas muy claras.*

## PERSONAJES PRINCIPALES

- Son los que realizan la acción de la novela.
- Son los responsables de conducir la historia.
- La historia se centra en ellos. La novela se centra en torno a ellos.
- Proporcionan el conflicto principal y son lo suficientemente interesantes como para mantenernos atentos durante toda la novela.
- Son el protagonista y la protagonista en una Novela Romántica.
- La novela es su historia de amor.
- Es a ellos a quienes se supone que debemos seguir, con quienes debemos identificarnos, conectar.
- Suele tratarse de figuras positivas, aun en subgéneros oscuros, como el Paranormal.
- Son los héroes, lo que no significa que no cometan errores.
- Puede haber aspectos de su carácter que no nos gusten, pero en general nos atraerán.
- A veces, pueden ser negativos (vampiros, hombres lobos, brujos), pero nos enganchan.
- En la novela romántica, el amor es el medio por el que el personaje se transforma. Si esta historia de amor no se desarrolla, el

personaje puede perder volumen y la historia profundidad.

Todo protagonista necesita la oposición de alguien que proporcione el conflicto deseado; **este es el antagonista**. Por lo general es la persona que se enfrenta al héroe.

*En Novela Romántica sucede algo curioso, y es (siendo ambos protagonistas) que en la Trama Romántica el papel de antagonista lo toma uno de los dos enamorados pues el conflicto hace que se resista al amor.*

| PROTAGONISTA Actúa | CONFLICTO | ANTAGONISTA Se opone |
|---|---|---|
| **ARGUMENTO 3** | | |
| **TRAMA PRINCIPAL** | | **TRAMA PRINCIPAL** |
| **EL FARAÓN:** PROTAGONISTA Quiere salvar Egipto de la invasión del ejército enemigo | *CONFLICTO* | **EL VISIR:** ANTAGONISTA Quiere que Egipto sea invadido por otro ejército para aumentar su poder |
| **TRAMA ROMÁNTICA** | | **TRAMA ROMÁNTICA** |
| **EL FARAÓN:** PROTAGONISTA Quiere enamorar a Neith, que le cura con paciencia cada día. | *CONFLICTO* | **Neith:** ANTAGONISTA Quiere impedir que el faraón la seduzca, pues no se fía de los hombres. |

El antagonista, es el opuesto al personaje principal y consciente o inconscientemente causará dificultades al protagonista.

## PERSONAJES SECUNDARIOS

### Personajes secundarios de apoyo

Los personajes principales no pueden atravesar solos la novela, necesitan de la complicidad que marcan los secundarios.

La relación de los personajes secundarios con los principales se basa en dos aspectos: pueden estar con ellos o contra ellos (les proporcionan información, les escuchan, les dan consejos, les empujan o tiran de ellos, les fuerzan a tomar una decisión, les enfrentan, les animan, les traicionan.). Veamos las características de los secundarios:

- Ayudan a caracterizan mejor el personaje principal.
- Ayudan a la realización de la obra, pero no tienen un papel destacado.
- A veces desarrollan el tema de la obra.
- Una de las funciones más habitual de los secundarios es la de *confidente*.
- Otra de las funciones del secundario es la de personaje *catalizador*.

*CATALIZADOR: Son aquellos que proporcionan una información o provocan un suceso que mueve al protagonista a actuar.*

Existen también pequeños papeles de ayuda cuya función principal es manifestar el prestigio, importancia o poder del protagonista o antagonista. En estos casos, su función principal es proporcionar masa y peso.

*EJEMPLOS*:

- **De apoyo** (puro): su amiga íntima, el compañero de trabajo, el ayudante.
- **Catalizador**: el confidente, el adivino, la víctima.
- **De prestigio**: secretaria/o de la protagonista, guardaespaldas, personal de corte.

## Personajes secundarios de dimensión

Si una novela fuera lineal y el protagonista alcanzara su meta con la mínima ayuda de uno o dos catalizadores, perdería bastante interés. Para ello existen los secundarios de dimensión, que nos permiten realizar contrastes para resaltar aspectos de los personajes principales.

- Estos personajes nos ayudan a ver a los protagonistas con mayor claridad a través de las diferencias que tienen con ellos.
- Aumentan la profundidad de la historia.

*EJEMPLO*:

- **De dimensión**: Imagina que nuestro protagonista es un tanto indisciplinado, un poco desastre. Un personaje de contraste sería un amigo, un vecino, un sirviente, que llevara una vida recta y ordenada, por lo que nos ayudaría a ver aún mejor las características como "desastre" del protagonista.

## Personajes secundarios temáticos

Hay una serie de personajes que sirven para transmitir y expresar el tema de la novela.

- En historias con un tema complejo, tienen por objeto lograr que el tema no se mal explique, ni se malinterprete.
- En la novela romántica pueden ayudarnos para hacer, por ejemplo, crítica social, o posicionarnos en contra del machismo, o tratar de violencia de género, o teorizar sobre la frivolidad, etc.
- Algunos personajes temáticos aportan mayor información mostrando diferentes puntos de vista.
- Serían como una voz (la voz del orgullo, de la libertad sexual, etc.).
- También puede manifestar el punto de vista del autor o el que presuponemos al lector, sobre todo en géneros históricos.

*EJEMPLO*:

En una novela Regencia en la que queremos hacer una denuncia del mal posicionamiento de la mujer en la época, el personaje temático podría ser desde una mujer supeditada a las circunstancias de su entorno que nos servirá para desarrollar en ella el tema, hasta una

160

sufragista luchadora por la igualdad, que dará el contrapunto del tema.

## PERSONAJES AMBIENTE

- Ayudan a caracterizar el ambiente en que actúan los personajes.
- No participan en la acción.
- Pertenecen al fondo y casi nunca hablan.
- Sin su presencia la obra se empobrece.

*EJEMPLO:*

Serían desde los mendigos en una escena histórica donde queremos mostrar la pobreza del modo de vida, hasta los malhechores de una taberna donde se reúnen los protagonistas para dar a entender la peligrosidad de las escena.

Como decíamos, en la mayoría de la novelas, **los personajes cumplen más de una función**, el número de funciones desempeñadas no importa. Lo importante es que tengan un lugar propio en la historia que vamos a construir.

*TRUCO: Clasificar la función de los personajes nos puede ayudar a centrar la historia, y a ahorrar personajes innecesarios.*

## e) Problemas con las funciones de los personajes

Demasiados personajes o, más bien, personajes sin una función clara, ya hemos dicho que es uno de los problemas básicos que encuentran los editores a la hora de analizar una novela romántica.

Sin embargo, la mayoría de las novelas románticas son de formato largo, por lo que suele ser habitual (sobre todo en los subgéneros de acción) que necesiten muchos personajes para desarrollar la Trama Romántica, la Principal y todas las subtramas secundarias que hayamos incluido. Por lo tanto, la máxima es:

*Tantos personajes como queramos o creamos necesarios, siempre y cuando todos tengan una función clara dentro de la novela.*

El público debe saber cuál es la función de cada uno. Tu trabajo, el trabajo del escritor, es hacer que el lector se entere, estableciendo un fondo de personajes que den textura a la historia.

**Piensa en la cantidad de cosas que debe aprender el lector en las primeras páginas de tu novela**; los personajes deben ser presentados, tendrá que aprenderse el nombre, ser capaces de reconocer sus voces, tener una idea de cuál es el papel que cada uno va a desarrollar.

Aunque nos cueste deshacernos de un personaje que hemos creado con mimo y del que ya nos hemos enamorado como escritores, tu trabajo exige eliminarlo de la novela si éste no funciona.

162

*Es imperativo eliminar de la novela a aquellos personajes que no funcionan*

Pero, **¿cómo sabemos si un personaje está funcionando o no en la trama?** Quizá contestando a estas preguntas encuentres la respuesta.

## PREGUNTAS PARA DETECTAR ERRORES EN EL FUNCIONAMIENTO DE LOS PERSONAJES

- ¿Estoy dejando claro quién es el personaje principal?
- ¿Es mi protagonista quien conduce la historia o se está dejando llevar por algún secundario mejor diseñado?
- ¿Logra el protagonista conseguir el clímax de la historia?
- ¿Quién se opone al protagonista? ¿Se identifica bien al antagonista?
- Si hay varios protagonistas y antagonistas, ¿Recibe uno más atención que el resto?
- ¿Quiénes son mis personajes de apoyo?
- ¿Qué es lo que aportan a la historia?
- ¿Necesito un confidente? Si es así ¿Sus confidencias se desarrollan en escenas excesivamente habladas o has encontrado otra forma de dar información (cartas, mensajes ocultos, etc.?
- ¿He creado varios personajes con la misma función? Si es así, puedo eliminar o cambiar unos por otros.
- ¿Me falta alguna función?

- ¿Tengo o necesito un catalizador? ¿Ayuda a mover la acción?
- ¿Es posible que el lector pueda encontrar dificultad para encontrar el tema sin un personaje temático? ¿Les has dado otras funciones adicionales de forma que no sean meros *personajes mensaje*?
- ¿Recibe ayuda tu personaje de otros personajes de apoyo a medida que transcurre la historia?
- ¿Está realmente apoyado o están mareando la perdiz?
- ¿Tiene humor mi novela? ¿Lo necesita?
- ¿Hay algún personaje que sirva como alivio cómico?
- ¿Tienen todos los personajes de mi novela una función clara? Si tengo varios personajes en la misma función ¿puedo cambiarlos? ¿se echa en falta alguna función necesaria?

## f) Arco de transformación

El Arco de Transformación es **la diferencia de percepción sobre un personaje que tiene un lector desde el principio al fin de una novela**.

Imagina una novela en la que el protagonista sea un crápula y termina convirtiéndose en un buen chico gracias al amor. Eso sería un arco de trasformación, y debe ser:

- Creíble
- Progresivo

En la novela romántica, al menos uno de los personajes se transforma a medida que avanza la historia. Siempre es uno de los protagonistas, pero también pueden ser los secundarios, y siempre lo hacen a impulso del amor.

La transformación de un personaje puede ser **extrema**, moviéndose a una posición opuesta, a simplemente puede moverse a una posición **moderada**. Por ejemplo, un personaje rígido puede sufrir una transformación total, volviéndose espontáneo y alegre al final de la novela, o puede sencillamente relajarse.

Veamos el ejemplo de un arco de transformación para una novela sentimental:

| POSICIÓN INICIAL | TRANSFORMACIÓN MODERADA | TRANSFORMACIÓN EXTREMA |
|---|---|---|
| La protagonista o un secundario, es una mujer introvertida, poco habladora y tremendamente tímida. | **Al final**, aunque sigue siendo reservada para las cosas importantes, ha logrado ser sociable, no se sonroja tan a menudo y es capaz de mantener una conversación normal. | **Al final**, se convierte en cómica y tiene dos funciones diarias en un teatro, donde cuenta chistes al público sobre política, sexo y sociedad. |

Evidentemente hemos bromeado con la transformación extrema, pero quería que vieras que casi nos obliga a cambiar de subgénero.

Para que los personajes cambien necesitan ayuda. La ayuda la reciben de la influencia que ejerce sobre ellos la **historia** y otros **personajes**.

Lleva tiempo transformar a un personaje. No sucede en unas pocas páginas. Normalmente crear una transformación extrema necesita de los tres cuerpos enteros. Es un proceso que se desarrolla paso a paso, lentamente, momento a momento.

## PROBLEMAS AL CREAR EL PERSONAJE TRIDIMENSIONAL

Entendemos por un personaje tridimensional:

- Aquel que tiene el suficiente carácter como para impactar en el lector.
- Aquel que es creíble a la vez que sorprendente.
- Aquel que ha sufrido una evolución a través de las páginas de la novela.

El ejemplo que hemos ido usando (la novela *Alma* de Bel Frances) tiene un ejemplo claro de personaje tridimensional en la protagonista. En general la novela romántica está llena de personajes de este tipo; inolvidables. Pero crear personajes tridimensionales no es fácil. **Hay dos fuentes básicas de inspiración para crear este tipo de personajes**:

- **Transformar** personajes ya creados por otros autores y adaptarlos a las necesidades de nuestra novela (volvemos a recordar "El diario de Bridges Jones")
- **Buscarlo** en el entorno para que sea sólido, creíble. El ser humano no ha cambiado mucho, cualquiera de los hombres y mujeres de tu alrededor podrían actuar perfectamente

en tu novela si la ambientas en 1.400 a.C. y ternemos en cuenta las características de la época.

Cuando empezamos a trabajar con un personaje es útil empezar por el arco de transformación. Comienza descubriendo sus rasgos y características principales que necesita para alcanzar su objetivo. Ten en cuenta que aunque tú lo sabes todo sobre tu personaje, **no todo debes contarlo**. Si así lo hicieras la novela sería insufrible. Si un personaje ha tenido una infancia traumática, no siempre hay que narrarla, con sus actos, con su comportamiento, podemos escenificarlo.

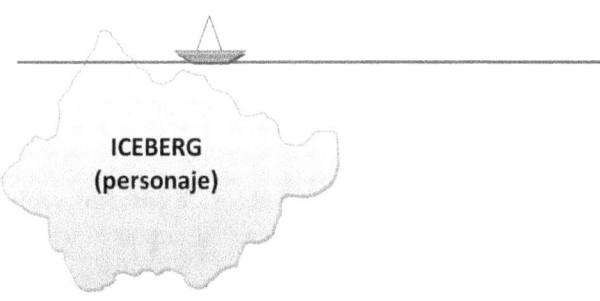

El personaje es como un Iceberg; tú tienes que conocerlo todo, pero en la novela sólo aparecerá una pequeña porción de él.

*TRUCO. Si quieres generar simpatía hacia tu personaje, revisa sus reacciones emocionales y su modo de mostrarse en situaciones emocionales. Trata de ampliar la gama de sus emociones.*

## PREGUNTAS PARA COMPROBAR SI NUESTRO PERSONAJE ES TRIDIMENSIONAL

- ¿Te has quedado estancada en el estereotipo?
- ¿Conoces el arco de transformación de todos los personajes de tu novela (de los que lo tengan)?
- ¿Les has dado suficiente tiempo para cambiar?
- ¿Resulta creíble el cambio?
- ¿Qué influencias recibe que le puedan hacer cambiar?
- ¿Fuerza la historia a un cambio en el personaje, o es el amor el que lo hace?

Cuando hablamos de personajes también hablamos de relaciones. Es importante llevar un control del tipo de relaciones que tienen los personajes unos con otros, aprovechando también para recordar ciertos atributos que puede habérsenos olvidado.

Vamos a ver ahora las **Tablas de Interdependencia**, que crearemos para facilitar el trabajo de nuestra memoria. Son herramientas optativas pero de indiscutible utilidad.

**TABLA DE CARACTERÍSTICAS**: es una tabla básica que resume las características principales a la hora de la narración de los personajes (de todos) y nos permite visualizarlas de un solo vistazo. **Sirve para no olvidar aspectos elementales de los personajes**. ¿Te parece demasiado obvio?, pues no será la primera vez que un personaje tenga los ojos verdes en la primera escena y marrones al llegar el clímax a causa de un despiste del autor.

|  | Neith | Faraón | Visir | Princesa |
|---|---|---|---|---|
| **Cabello** | Negro | Negro | Rapado | Rojizo |
| **Ojos** | Negros | Negros | Negros | Verdes |
| **Cuerpo** | Estilizada | Fuerte | Vetusto | Escultural |
| **Carácter** | Serio | Rudo | Adulador | Malicioso |
| **Psicología** | Espiritual | Incisivo | Sibilino | Sensual |

**TABLA DE PARTICIPACIÓN**: nos orienta para saber qué personajes participan en cada escena (unidad narrativa más pequeña que el capítulo e incluida en él) de nuestra novela. Nos sirve para no olvidar incluir o excluir a algunos de ellos.

|  | Capítulo 1 /escena 1 | Capítulo 1 /escena 2 | Capítulo 1 /escena 3 | Capítulo 1 /escena 4 |
|---|---|---|---|---|
| **Neith** | X | X |  | X |
| **Faraón** |  | X | X |  |
| **Visir** |  | X | X |  |
| **Princesa** |  |  |  | X |

**TABLA DE INTERRELACIÓN**: nos ayuda a recordar qué relación existe entre cada uno de los personajes. Como va a existir un arco de transformación, apuntamos la relación inicial y la relación final. Siempre nos referimos a la relación existente entre el personaje de la columna (izquierda) con el de la fila (arriba), no al contrario.

|  | Neith | Faraón | Visir | Princesa |
|---|---|---|---|---|
| **Neith** | X | I: Desprecio F: Amor | I: Confianza F: Desprecio | I: amistad F: Lástima |
| **Faraón** | I: Indiferencia F: Amor | X | I: Confianza ciega F: Lástima | I: Indiferencia F: Indiferencia |

| Visir | I: Utilidad F: Odio | I: Utilidad F: Temor | X | I: Utilidad F: Indiferencia |
|---|---|---|---|---|
| Princesa | I: Falsa amistad F: Resignación | I: Interés F: Comprensión | I: Utilidad F: odio | X |

## g) Resumen del capítulo 5

1. Recordemos que **el personaje es acción**.
2. Existen dos grandes posibilidades de actuar dentro de la trama: Interactuar (Rivalidad, Amor, Amor Prohibido), o transformarse (Desvalimiento, Tentación, Metamorfosis, Transformación, Maduración, Sacrificio, Precio del Exceso, Ascenso, Caída, Descubrimiento)
3. Las acciones que suelen guiar al héroe son Búsqueda, Aventura, Rescate, Persecución, Venganza o descubrimiento de Enigmas.
4. Hemos visto cómo construir personajes
5. Hemos visto la Fichas de Personajes y las Tablas de Interdependencia.
6. Hemos visto que los problemas más habituales que suelen plantear la novela en su totalidad con respecto a los personajes son el que sean demasiados, el que estén poco definidos, o el que sean inconstantes.
7. Hemos dividido a los personajes según su función en Principales, Secundarios (de apoyo, de dimensión específica, o temáticos), y Ambiente.
8. En la novela podemos incluir tantos personajes como queramos o creamos

convenientes, siempre y cuando todos tengan una función clara y real.

9. El arco de transformación es la diferencia de percepción que tendrá el lector sobre un personaje al comienzo y al final de la obra.

10. Esta transformación puede ser moderada o extrema y se produce, en nuestro género, por amor.

11. Hemos visto que debemos crear personajes tridimensionales

# h) Algunos ejercicios para cimentar los conocimientos de este capítulo

## LECTURA

*[...] El retrato original de Sally estaba colgado en lo alto de las escaleras, resaltado entre las sombras por un rayo de sol. Entre el resplandor, Amanda pudo ver las líneas de la pintura arremolinándose las unas con las otras. Aquel cuadro era un trabajo de encargo. Sally realmente había sido atractiva. Tenía unos grandes ojos azules, rubios rizos, una barbilla delicada y redonda que podía haber sido a la vez recatada y testaruda, y una cintura minúscula que implicaba frecuentes periodos de desazón. Después de haberse casado con un hijo de los Masons, cuyo padre había firmado la Declaración de Independencia, Sally tuvo un montón de hijos y vivió hasta una edad avanzada. Tal vez se habría divertido recordando sus amoríos con algún oficial enemigo, tal vez no. De todas formas, Amanda pasó un mal momento tratando de ver a una trágica heroína en aquel rostro anodino.*

171

*Tampoco se vio a sí misma en aquella cara. Sus ojos eran marrones, no azules. Llevaba su rizado pelo oscuro tan corto que tenía que esconder las puntas debajo de un gorro de la época. Su barbilla, lejos de ser delicada, estaba cortada tan inconfundiblemente como sus pómulos. Con su casi metro setenta de altura era probablemente más alta que Sally y, si el retrato era preciso, no tan regordeta como ella. Aunque el corpiño en forma de cono del traje del siglo dieciocho resultaba un primitivo Wonder Bra, y por esto Sally (igual que Amanda) llevaba un chal llamado «pañoleta» remetido por el gran escote.*

*Con la barbilla levantada, Amanda entró en la habitación de Sally e hizo crujir la tabla del suelo hasta llegar a la ventana. Al lado de ésta había una mesita con algunos bordados, un dedal y el retrato original del capitán Grant, una miniatura de su rostro y su torso vestido de rojo. Al menos según aquella pintura, éste había tenido los rasgos de un héroe romántico. Una peluca blanca hacía resaltar los irónicos ojos oscuros que parecían saber lo que la gente estaba diciendo de él a sus espaldas. Amanda se preguntaba de dónde habría venido aquel cuadro, que realmente podría haber llegado a inspirar algunas fantasías.*

**Sombras escarlata**, *Lillian Stewart Carl (Nabla Ediciones)*

1. Lillian Stewart nos ha descrito a uno de sus personajes a través de un cuadro. Imagina que el personaje principal de tu novela también está en un gran retrato colgado

172

sobre la chimenea de una gran casa. Describe el cuadro.

2. Quédate con ese mismo personaje, pero vamos a sacarlo del cuadro. Los dos protagonistas (él y ella) acaban de encontrarse. Descríbelo a él desde la perspectiva de ella. Para hacerlo debes sabes muy bien cómo es ella, cómo lo mirará, cómo hablará, etc.

3. Traza el arco de transformación de este personaje masculino en tu novela, dando dos posibilidades; que sea una transformación moderada, o que sea extrema.

4. **Ahora nos toca trabajar los personajes de tu novela, la que estamos escribiendo mientras avanzamos en este manual**. Haz los siguientes ejercicios: Define todos los personajes de tu novela. Define qué funciones tendrá cada uno (recuerda que pueden tener más de una). Haz una *ficha de personaje* de los protagonistas. Traza el arco de transformación de aquellos que lo tengan, especificando si es extremo o moderado. Realiza una tabla de características y otra de interrelaciones.

# 6. EL ESPACIO Y EL TIEMPO

## a) Introducción

El argumento, los personajes, y ahora el espacio y el tiempo. Con ellos cerramos los elementos que configuran la **estructura mecánica** de la novela romántica.

*Estructura mecánica: unión de elementos que, trabajando de forma interrelacionada, hacen que una pieza (novela) funcione.*

Todos ellos debemos verlos no como meros hechos aislados que deambulan por nuestras páginas, sino como **elementos funcionales** que tiene un propósito en la obra. Nada es al azar. Nada es gratuito.

Como veremos en este capítulo, el espacio debe funcionar para que la novela funcione y tiene sus características y sus reglas, que debemos dominar. El tiempo también es un elemento maleable que nos dará dimensión a la obra y que es indisoluble de ella.

Caminemos ahora por el espacio y por el tiempo.


## B) EL ESPACIO

*El espacio es el lugar donde suceden las cosas*

O dicho de otra manera; es una **sucesión de datos** mediante los cuales ubicamos a nuestros personajes, y por lo tanto al lector.

El padre de Neith muere y le encarga sanar a los necesitados

Neith muere es apresada y llevada ante el Faraón

Se reune en el salón del trono con un emosario de los invasores

Neith es encerrada en el harem

La ciudad es atacada. Apenas resiste la guarnición de palacio

Neith y el Faraón deciden llevar una vida juntos.

Como ves, podemos contar nuestra historia a través de los espacios donde sucede. Por eso es aconsejable tener una relación de los espacios donde se desarrollará nuestra novela romántica.

La relación de espacios la construiremos por medio de dos tablas, la de **Espacios** y la de **Participación**. La primera de ella será similar a la Ficha de Personajes, donde indicaremos las características propias de éste y los detalles más significativos.

Esto nos permitirá tener un control total de los espacios que se traducirá en una mejor funcionalidad de los mismos.

175

| FICHA DE ESPACIO | |
|---|---|
| Nombre del espacio | |
| Dimensión | |
| Suelo | |
| Techo | |
| Paredes | |
| Mobiliario | |
| Huecos | |
| Accesos | |
| Imagen | |
| Plano | |

Vamos a ver cómo se rellena una **Ficha de Espacio** cuando éste es un espacio cerrado y cuando es abierto:

| FICHA DE ESPACIO (Cerrado) | |
|---|---|
| Nombre del espacio | Salón del trono del faraón |
| Aspecto | CERRADO: Amplio y lujoso, con grandes columnas |
| Suelo | Es un mosaico de piedras de colores pulimentadas |
| Techo | Artesonado de madera pintada en colores vivos |
| Paredes | Frescos representando las hazañas del anterior faraón |
| Mobiliario | Muy poco. Pebeteros con perfume, grande antorchas y sillón del trono sobre una tarima. |
| Huecos | Entrada principal frente al salón, cerrada por una gran puerta de bronce. La luz entra por ventanucos cerca del techo. |
| Accesos | Se accede desde un salón donde esperan ser recibidos lo peticionarios |
| Imagen | (Aquí se pueden incluir imágenes de espacios similares) |
| Plano | (Aquí se debe hacer un croquis de la planta de este espacio) |

| FICHA DE ESPACIO (Abierto) | |
|---|---|
| **Nombre del espacio** | Desierto |
| **Dimensión** | ABIERTO: vasto desierto del Valle de los Reyes con las tumbas de los faraones. |
| **Suelo** | Piedras y arena amarilla |
| **Techo** | X |
| **Paredes** | X |
| **Mobiliario** | A lo lejos, la silueta de los guardianes |
| **Huecos** | X |
| **Accesos** | Se accede desde la ciudad, a caballo o en carro |
| **Imagen** | (Aquí se pueden incluir imágenes de espacios similares) |

La segunda será similar a una **Ficha de Participación**, donde veremos en qué parte de la novela aparece qué espacio y en qué condiciones.

| ESCENARIO | Capítulo 1 /escena 1 | Capítulo 1 /escena 2 | Capítulo 1 /escena 3 | Capítulo 1 /escena 4 |
|---|---|---|---|---|
| **Salón de trono** | | Interior/ día | | Interior/ Noche |
| **Desierto** | Exterior/ anochecer | | | |
| **Casa del padre de Neith** | | | Interior/ amanecer | |
| **Harem** | | Interior/ tarde | | |

## c) El espacio como herramienta

El espacio **es una pieza más de la intriga**. Lo debemos emplear como un hilo imprescindible de la trama.

En nuestro Argumento 3, el salón del trono por ejemplo, con sus pebeteros, grandes antorchas, frescos de ricos colores, y deslumbrante artesonado, nos dará de entrada una idea del poder del faraón. Es un símbolo de su posicionamiento de partida. Nuestra historia (la trama principal que es una historia de *caída y ascenso*) irá avanzando mientras el reino es invadido por furioso guerreros extranjeros.

Este salón del trono **puede simbolizar los sucesos** de la novela, **funcionando como si se tratara de un personaje más**. Vamos a ver cómo.

| TRAMA PRINCIPAL: Escenas que suceden en el salón del trono | | | |
|---|---|---|---|
| Neith es llevada ante el Faraón. A pesar de su indignación, queda deslumbrada por su poder | Un emisario de los enemigos le lleva un mensaje al Faraón. Debe rendirse o la ciudad será destruida. | La ciudad está asediada. El enemigo ha traspasado la primera muralla, pronto estarán dentro | Boda entre Neith y el Faraón (final común para la Trama Principal y Romántica) |
| *Caída* | | | *Ascenso* |
| **EVOLUCIÓN DEL SALÓN DURANTE LAS MISMAS ESCENAS** | | | |
| Salón con la corte reunida, riqueza, antorchas | Salón de noche, con apenas luz. La gran | Salón lleno de refugiados. Los pebeteros | Salón con esplendor recuperado. Lleno de |

| encendidas, olor a incienso. Todo emana majestad. | puerta entreabierta. | caídos. Es al atardecer. Luz rojiza (Fuego). Desorden. | flores blancas. |
|---|---|---|---|
| *Caída* | | | *Ascenso* |

El espacio también puede ser un detonante que nos ayudará a comenzar una novela, o nos facilitará los cambios de rumbo, incluso puede conducirnos al clímax. Veamos cómo Bel Frances utiliza el espacio como detonante de la novela en *No te fíes de un bandido* (Editorial Vestales)

*El sonido del trueno fue tan inmediato como el rayo, un resplandor ensordecedor que hizo que la estancia se inundara de una vibrante luz blanquecina.*

*—Que dios nos proteja, señora. Nunca he visto una tormenta como ésta— dijo el posadero con el rostro lívido, mientras sus dedos nerviosos intentaban atar un sucio mandil.*

*Babette atisbó otra vez por el ventanuco de madera que quedaba junto a la gran mesa de comedor. La cortina de agua era tan espesa que no permitía ver más allá de los postigos, aunque su fragor se percibía en el constante martilleo de las gotas en el tejado y en el ruido ensordecedor de los truenos, que cada vez eran más continuos.*

*El posadero, a pesar del miedo, volvió a bostezar, como no dejara de hacer desde que hacía una hora la condesa le indicara que incluso bajo el azote de la tormenta había decidido partir.*

*—¿Desea que le prepare un poco de caldo, señora? Aún quedan unas horas para el amanecer. —El hombre*

*ya había colocado la marmita rebosante de agua sucia sobre las brasas y preparaba unos oscuros trozos de hueso con los que animar la olla.*

*—No hay tiempo para eso, partiremos en cuanto estén enganchados los caballos —contestó Babette preocupada.*

*Un suave movimiento hizo que mirara hacia un lado.*

*—Pero le rogaría que calentara un poco de leche para mi hijo.*

*El pequeño Bastien dormía profundamente, arropado por un tupido chal de lana que apenas dejaba ver su espesa mata de cabello negro. Babette lo había vestido antes de bajar al salón, y el niño se había vuelto a quedar dormido sobre uno de los bancos de la posada, mientras esperaban a que el cochero preparara el carruaje.*

*—Señora —volvió a insistir el posadero, retorciendo entre sus manos el gastado mandil—, la Mansión de Mirecourt está aún a unas millas de aquí. Quizá la tormenta amaine dentro de un par de horas y entonces...*

*—Gracias. —Babette no estaba dispuesta a dejarse convencer—. Será mejor que caliente la leche.*

Todo es amenazante nada más comenzar la novela. El escenario que se nos presenta, como si se tratara de un personaje más, es una desvencijada posaba perdida bajo una inmensa tormenta. Truenos, una espesa manta de agua que cae del cielo, el martilleo continuo de las gotas de agua. Como ves todo tiene una misma función; ayudar a crear esa atmósfera de "algo va a ocurrir" y que, efectivamente, unas páginas más adelante, ocurre.

Veámoslo ahora con otra autora, con Cheyenne McCray y su novela *Seducida por la magia* (Valery). También se desarrolla de noche.

Copper Ashcroft atravesaba la noche cubierta de niebla de San Francisco y se estremecía. Todo se veía y se sentía exactamente como en la visión de su sueño.

Ramillas y cantos rodados crujían debajo de sus zapatos deportivos al bajar por el oscuro sendero hasta el trecho sagrado de playa que había abajo. Iluminaba el camino solo con la luz de su varita. Esa noche había luna nueva y una niebla del demonio. No obstante, conocía el camino y no se detuvo.

Sus brazos se tensaban mientras apretaba el cofre de madera tallada que contenía las herramientas de su oficio al mismo tiempo que llevaba su varita. Respiraba tranquila. Estaba en forma porque se ejercitaba con frecuencia, jugaba al baloncesto y tonificaba los músculos con un buen trabajo en el gimnasio. Había sido estrella de pista y primera anotadora de puntos en la secundaria, así como también primera lanzadora en el equipo de los California Bears en UC Berkeley durante sus años de estudiante universitaria. Copper tropezó con una raíz y casi cae en el camino. Hizo una mueca y se estabilizó.

—¡Jesús! —murmuró. Sabía que la raíz estaba allí—. Desgraciadamente, estar en forma no me hace menos torpe.

Zephyr zumbaba en su oído, pero ella ignoraba a su duende abeja. Sentía que Zeph estaba triste porque intentaba realizar sola ese ritual de luna, pero en la visión de su sueño Copper llevaba a cabo la ceremonia sin nadie más alrededor. Por alguna razón, la diosa quería que lo hiciera sola.

Avanzó por el sendero de tierra hasta la arena cuando llegó a la pequeña porción de playa que solo conocían las brujas del aquelarre D'Anu, al cual pertenecía. Su aquelarre era uno de los trece

*diseminados por los Estados Unidos. Existían muchos
más en el mundo que trabajaban para mantener las
ciudades en las que habitaban a salvo de la magia
oscura. Descendientes de los antiguos druidas, las
d'anus eran brujas poderosas que solo utilizaban magia
blanca.*

McCray nos está introduciendo en un escenario
mágico de brujas y hechizos. La descripción es
completamente diferente a la de Bel. Lo desasosegador
del paisaje (noche, bruma, playa pequeña y solitaria,
sendero) es contrarrestado por la seguridad de la
protagonista (*conocía el camino, respiraba tranquila*),
por lo que el espacio está jugando un papel de contraste.
No hay urgencia como en el otro texto, no hay peligro.
Nada grave se avecina.

## d) ¿Cómo puede ser el espacio?

Vamos a ver distintas clasificaciones de los espacios
según sus características

- Abierto/ Cerrado
- Rural/ Urbano
- Vacío/ Habitado
- Moderno/ Antiguo
- Oscuro/ Luminoso

El espacio, entendiéndolo como el escenario donde
se mueven los personajes, puede ser completamente
independiente a la historia (*EJEMPLO: una ciudad de
la que se habla pero que no aparece, un baile al que*

*han ido, una consulta de la que acaban de llegar*), o puede ser el escenario de los hechos.

En la novela romántica, cuando el espacio actúa como escenario, y al ser un género narrativo articulado en subgéneros, **es habitual caer en los estereotipos**. Esto no es negativo, pero debemos tener en cuenta el conocimiento previo del lector. Veámoslo con un ejemplo

ESCENARIO PROPIO
DE LA NOVELA
PARANORMAL

| VENTAJAS E INCONVENIENTES | |
| --- | --- |
| VENTAJAS: | INCONVENIENTES: |
| <ul><li>Ambiente que nos garantiza su funcionamiento</li><li>Reconocible por el lector</li><li>Claves conocidas por el autor</li><li>Nos ubica en el subgénero</li></ul> | <ul><li>Dificultad para sorprender al lector</li><li>El lector suele conocer todas la claves</li><li>Tendencia al estereotipo</li><li>Dificultad para que el autor consiga historias *desencorsetadas*</li><li></li></ul> |

Estas ventajas e inconvenientes debemos manejarlas a la hora de plantearnos los escenarios de nuestras novelas y solo elegir una escenografía tópica si somos capaces de traspasar la barrera de lo que el lector piensa. Conseguirlo ha sido el éxito de muchas autoras de romántica.

El éxito de algunas novelas puede venir por una adecuada **deslocalización** (huida de las localizaciones habituales). Pensemos en la autora norteamericana Anne Rice; dio el pistoletazo en el género vampírico. Sus no muertos dejaron de aparecer en oscuros castillos centroeuropeos, o en el Londres victoriano, para convertirse en estrellas de rock o en sacerdotisas del antiguo Egipto. Veamos un ejemplo:

El espacio también puede ser empleado como recurso para aportar datos sobre el personaje o hablarnos de su estatus, de su moral o de su actitud. A través de los escenarios podemos hablar del mundo mental del personaje, hacer referencia de sus preocupaciones, puede actuar como espejo, podemos hablar de sus añoranzas, de sus miedos, de sus sueños.

Veamos a un personaje cualquiera (imagínatelo), contemporáneo, en un salón de una casa cualquiera. Si variamos el espacio, la percepción del personaje puede llegar a ser muy distinta:

Suponiendo que hablemos siempre de una mujer ubicada, por ejemplo, en el año 2014, podemos ver:

- En el **escenario 1**, nuestra protagonista es una mujer actual, que podría tener una visión contemporánea de la vida. Ordenada, luminosa, posiblemente de profesión independiente.

185

- En el **escenario 2**, nuestra protagonista es la heredera de un antiguo linaje que se empeña en mantener. Posiblemente sea de ideas conservadoras, o al menos poco vanguardistas. Nos habla de una mujer elegante, relacionada, bien posicionada, que se empeña en conservar las cosas como siempre han estado.
- En el **escenario 3**, nuestra protagonista es una mujer que añora o aspira a una vida rural, seguramente porque está cansada de la ciudad. Nos habla de una mujer preocupada por el entorno, amante de las pequeñas cosas y de la cotidianidad.
- En el **escenario 4**, nuestra protagonista podría ser una mujer fría y aséptica. Independiente, sin hijos. Amante de las vanguardias y de todo lo nuevo.

Esta es la impresión que a mí me trasladaría un personaje en cada uno de estos entornos. A ti pueden trasmitir estímulos diferentes, pero quizá las líneas generales sean similares.

*Los personajes y su entorno deben estar en función de la trama*

## e) ¿Cuántos escenarios?

Tantos como sean necesarios, por supuesto, pero solemos encontrarnos con dos posibilidades básico.

- El escenario único
- Varios escenarios

El **escenario único** es cuando toda la novela se desarrolla en una misma unidad escénica, como una casa. En la novela romántica no suele ser habitual, ya que incluso en los subgéneros menos activos los personajes suelen desplazarse.

El desplazamiento plantea el problema de la **reubicación**, lo que significa que el lector debe tener claro que el personaje ha cambiado de espacio y cuánto tiempo ha pasado en él. Estos desplazamientos también suelen ser de dos formas:

- Desplazamientos largos
- Desplazamientos cortos

Tenemos varias fórmulas para indicar el cambio de escenario:

- **El trayecto**: es cuando el autor narra cómo el personaje hace el traslado.

*EJEMPLO: "Salieron de la casa y tomaron el coche. La carretera estaba llena de charcos que dificultaban la marcha. Al final llegaron al hospital".*

- **La notación**: el personaje está en un escenario, y a la siguiente escena está en otro completamente diferentes, pero con una nota al principio que nos lo indica:

*EJEMPLO: "Dos días después", "Londres, 7 de marzo de 1814", "12:45 – Hospital Central".*

- **La deslocalización**: igual que el caso anterior pero sin ninguna nota que nos ubique en el nuevo espacio. En este caso es necesario dar pistas al lector para orientar sobre el nuevo lugar y si fuera necesario, el tiempo pasado.

*EJEMPLO: "Shena encendió la luz. Ya era de noche y aquél barco parecía la entrada al infierno"*

Los escenarios, como decíamos, **se construyen con datos**. Las fuentes principales para construirlos son los recuerdos que tengamos como autores, la exploración de nuestro entorno, y la documentación. Sobre esto no nos extenderemos más, ya que el siguiente capítulo, el 7, se centra en cómo documentar la novela, y por lo tanto también el espacio.

## f) Funciones del espacio

Al igual que los personajes debíamos construirlos según su función, con el espacio debemos hacer lo mismo.

Desde este punto de vista el espacio puede cumplir tres funciones básicas:

- **Función de escenario**: es cuando tiene el papel de contener las acciones, como si se tratara de un bol que llenáramos de leche.

*EJEMPLO: Necesitamos un espacio, que es una iglesia, para celebrar una boda al final de la novela*

- **Función bidimensional**: es cuando, además de ser el lugar donde se desarrollan las acciones, el escenario nos ayuda a caracterizar a los personajes o a dar énfasis a la trama.

*EJEMPLO: Pongamos el mismo caso anterior, la iglesia, pero ahora decorémosla ricamente con flores, llenémosla de gente elegante, etc. Con ello queremos acentuar el carácter de desahogo económico de los protagonistas*

- **Función simbólica**: es cuando el espacio se convierte en un símbolo de otra cosa

*EJEMPLO: de nuevo tomemos nuestra iglesia, pero volvámosla oscura, gótica, llena de sombras... queremos crear en el lector la idea de un peligro que acecha, con el símbolo del mal.*

## g) Ambiente

El espacio no es solo bidimensional, sino que debemos aportarle una nueva dimensión para crear el ambiente.

**El ambiente es la atmósfera que impregna la escena**. Veamos rápidamente con un par de ejemplos.

1. **Ambiente de Calma**: un ambiente de calma es aquel donde pasan pocas cosas. Es perfecto para introducir una acción fuerte (una mañana tranquila antes de que estalle un escándalo), o para cerrar una escena vertiginosa (la calma tras la tormenta).
Los ambientes tranquilos se crean con frases largas, y adjetivos y verbos que lleven hacia la inmovilidad (*sereno, tranquilo, suave, parar, parado, relajar*, etc.)

2. **Ambiente de Confusión**: suele ser aquél en que la acción es vertiginosa. Se genera por medio de frases cortas, sentimientos contradictorios, preguntas retóricas y pocas descripciones ("Allí estaba. Lo notaba. Lo presentía. ¿Se estaba volviendo loca? No. por supuesto que no").

## H) EL TIEMPO

El tiempo es tanto la época histórica como el momento en el que transcurre la novela.

*No es el mismo tiempo que el del calendario, ya que una escena que en tiempo real duraría cinco minutos, en la narración puede durar una hora de lectura o apenas unos segundos.*

Las diferencias entre este **tiempo real y el de la ficción** (Tiempo Narrativo) es que en el segundo podemos transgredir la línea cronológica dando saltos hacia delante y hacia detrás según nos interese.

Cuando hablamos de **Tiempo Narrativo** siempre implica

- **Un orden al narrar los hechos**: que en la novela romántica suele ser o lineal, o con saltos hacia delante o hacia detrás (flashback)

*El único truco del flashback es que apuntemos bien al lector hacia dónde hemos ido y le dejemos bien claro que hemos vuelto.*

- **Una duración**: los hechos que contemos deben tener una duración, que no debe corresponderse con la del tiempo real pues se ajusta a las necesidades de la estructura.
- **Una frecuencia**: menos al final de la novela (cuando como recurso literario aceleramos la acción) y en los puntos de tensión -clímax, cambios de rumbo-, debemos mantener una frecuencia al narrar los hechos. No debemos contar dos escenas iguales de importantes con diferentes frecuencias de tiempo.

*El tiempo se escribe a través de las formas verbales: pasado presente y futuro.*

## i) Resumen del capítulo 6

1. La estructura mecánica es la unión de elementos que trabajan de forma interrelacionada y hacen que una novela funcione.
2. El espacio es el lugar donde suceden los hechos.
3. Al igual que con los personajes, también podemos trabajar con *Fichas de espacio* para tener un mayor control de los mismos.
4. Debemos entender el espacio como una pieza más de la intriga.
5. Puede ser abierto, cerrado, rural, urbano, vacío, habitado, moderno, antiguo, oscuro, luminoso.
6. Determinados subgéneros suelen tener por tradición espacios vinculados y estereotipados; la ruptura de estos tópicos

suele dar buenos resultados. Es lo que llamamos la deslocalización.

7. Los personajes y su entorno deben estar en función de la trama.
8. Los personajes se desplazan de unos espacios a otros. Podemos trazarlo de tres formas: mediante el trayecto, la locación, o la deslocalización.
9. El espacio puede funcionar de tres maneras. Como escenario, de forma bidimensional, y como símbolo.
10. El tiempo narrativo no se corresponde con el tiempo real.

## j) Algunos ejercicios para cimentar los conocimientos de este capítulo

### LECTURA

*«Vamos, vamos, por favor, contesta», dijo Kate silenciosamente al teléfono, moviendo los labios. Sus ojos se posaron en la fotografía de su marido, Simon, con Daisy y el pequeño Sam, que colgaba en la pared de su gris despacho sin ventanas, mientras escuchaba el distante sonido del teléfono. Finalmente devolvió el auricular a su sitio. ¿Dónde podía estar Tasha? Si Sam hubiera empeorado, sin duda la niñera la habría llamado.*

*Kate se agachó para sacar el móvil del bolso y llamar al móvil de Tasha. Le salió el buzón de voz directamente. Maldita sea.*

*—Tasha, soy yo, Kate. Espero que estés bien. Necesito saber dónde está Sam. ¿Puedes llamarme al despacho cuando tengas un momento?*

*Se metió el móvil en el bolsillo de la chaqueta, tratando de reprimir el pánico que sentía. Seguramente Sam solo tenía un virus estomacal, pero había sido horrible verlo por la mañana con fiebre y tan alicaído; e incluso había vomitado el agua que le había dado. Por supuesto Tasha era más que competente, pero... «Debería haberme quedado en casa con él —se dijo con rabia—; debería haber llamado para decir que yo también estaba enferma.»*

*«No, no deberías haberlo hecho —dijo una irritante voz en su cabeza—. Tasha sabe arreglárselas perfectamente ella sola. ¿Qué habría ocurrido si no hubieras estado en los estudios de televisión esta mañana cogiéndole la mano a Susie Zee? Seguramente Susie se habría negado a aparecer en el programa de entrevistas y entonces sí que se habría armado una buena, seguro.»*

**El sueño de Kate**, Rachel Hore  (Plaza&Janés)

1. Hemos visto cómo el espacio puede ayudarnos a comenzar una novela. Destaca las descripciones del escenario y los comentarios sobre/de los personajes. ¿Transmiten la misma sensación lo que se dice y lo que se describe? Razónalo.

2. Lee detenidamente este pequeño párrafo de la novela **Todos sus besos**, de Laura Lee Guhrke (Romántica Booket):

*[...] Rezaba porque fuera capaz de contener las ganas de estornudar. La pluma no era el único problema. En los salones de baile siempre hacía demasiado calor, sobre todo en los bailes benéficos atestados de gente. Para más inri, se trataba de un baile de disfraces, y el disfraz que le habían asignado a ella no ayudaba demasiado. El pesado jubón de terciopelo propio de un salteador de caminos convertía el hecho de tocar el violín durante una velada entera en una empresa de lo más agotadora. La combinación del jubón, el sombrero de plumas y el antifaz de piel la hacía sentirse como si estuviera dentro de un horno. Mientras tocaba, Grace sacudió varias veces la cabeza, intentando apartarse la pluma de avestruz de la cara sin saltarse una nota, pero sus esfuerzos fueron infructuosos. Aquella ridícula pluma se empeñaba en volver a caerse una y otra vez para seguir haciéndole cosquillas en la nariz [...].*

3. Describe el escenario donde se desarrolla. Puedes usar fotografías, dibujos, esquemas.
4. **Tras acabar este capítulo vamos trabajar los espacios de tu novela.** Haz los siguientes ejercicios: elabora una relación de los espacios necesarios, indicando qué función cumplen. Rellena también las fichas de los espacios más importantes. Si un mismo espacio aparece en diferentes escenas, indica qué cambios habrá en él, si es que los hay, en función del momento dramático de la escena.

# 7. LA DOCUMENTACIÓN

## a) Introducción

Documentar tus novelas es una de las facetas más laboriosas y a la vez apasionantes a la que vas a enfrentarte como escritora de novela romántica, ya sean estas históricas o contemporáneas.

Dos son los problemas básicos a los que tendrás que enfrentarte: que tu novela esté **poco documentada** o que **te pierdas** entre un mar de datos que impida que empieces a escribir. Ambos vamos a verlos aquí y a tratar de mostrarte métodos que te permitan documentarte en su justa medida, sin detraimiento de tu prosa, ni de los lectores.

Como ya hemos visto**, debemos documentar el tiempo, el espacio, y a los personajes**, que son los tres elementos de transformación de nuestra novela.

Y ahora, comencemos.

## b) Qué es documentar

Documentar no es otra cosa que **recopilar y ordenar la información** necesaria para que, a la hora de narrar, la trama que hemos trazado sea creíble.

Ante todo debemos diferenciar entre equivocaciones y errores de documentación.

Las equivocaciones son humanas e incluso simpáticas, pero te garantizo que si eres tú quien las comete te van a sentar muy mal. Veamos erratas bastante sonadas:

*"Con las manos cruzadas sobre la espalada paseábase Enrique por el jardín, leyendo la novela de su amigo"*... (¿Una tercera mano para sujetar el libro?)

**El día fatal**, *de Jh Rosny Aîne*

*"El duque apareció seguido de su séquito, que iba delante"*... (¿Dónde estaba entonces el séquito?)

**Cartas de mi molino**, *de Alphonse Daudet.*

*-Empiezo a ver mal- dijo la pobre ciega...* (hasta Balzac.)

**Beatriz**, *de Honoré de Balzac*

Estos tres casos se han hecho famosos, aunque hay muchos más. Se deben a un despiste del autor, nada más. Quizá el hecho de estar muy centrados en la trama les impidió percatarse de estas imposibilidades. Pero no podemos entenderlos como un error de documentación.

Los errores documentales suceden cuando no tenemos una visión clara de la época y lugar donde estamos narrando:

- Utilizar una berlina para desplazarse cuando aún no existía ese modelo de carruaje.

196

- Escuchar música en un iPad dos años antes de que apareciera en el mercado.
- Hablar del paisaje selvático y lujurioso de una ciudad brasileña, cuando ésta se encuentra en medio de un semidesierto.
- Comer patatas en el siglo XVII o tomates en el XIV.
- Los protagonistas mantienen una idílica aventura amorosa, sin que el autor se dé cuenta de que los ha situado en una ciudad en guerra.
- Que la protagonista lleve un estrecho vestido que le marca las caderas en la época de los guardainfantes.

Todos ellos son errores cometidos por lagunas de conocimiento.

¿Pero es posible que se lleguen a cometer estos errores y pasen desapercibidos?

Sí. En novela romántica he llegado a leer a una autora muy conocida que en un momento dado de la narración permite a su protagonista darse un baño en un castillo escocés en el siglo XII, tras abrir el grifo de agua caliente. Evidentemente el proceso de filtrado no ha funcionado en ese caso. Veamos como ha sucedido.

1. El autor comete el error y no lo detecta aun después de haber corregido la novela. Le falta documentación.
2. La novela pasa a manos de sus conocidos, o de su agente, que la disfrutan (ésta última estudia su potencial comercial), pero tampoco se percatan.

197

3. El editor se fascina por el argumento y la estructura. Le parece genial. No percibe este pequeño detalle. No es experto en historia.
4. El corrector está muy puesto en gramática, pero poco en Escocia medieval.
5. El lector... lo detecta al instante.

## c) Cosas que hay que saber antes de empezar a documentar

Hay cinco pasos sencillos que debemos incluir en nuestra metodología de trabajo antes de empezar a documentar.

1. **Siempre hay que comprobar los datos**: no solo debemos tener una relación de datos, sino que estos deben estar contrastados con al menos dos fuentes (tres, mejor). Cliquea sobre estos dos enlaces (<u>uno</u> y <u>dos</u>) y verás dos años diferentes para el nacimiento y muerte de la reina María Antonieta.

2. **La gente no siempre dice o escribe la verdad**: cuando la labor de documentación la hacemos en forma de encuestas o entrevistas, por ejemplo para ambientar una novela en la guerra civil o en la transición, o en la movida madrileña de los años 80, debemos tener claro que la gente no dice siempre la verdad. Y no porque seamos mentirosos por naturaleza, no. Sino porque a veces tenemos mala memoria, otras no tenemos toda la información, y también porque el paso de los años hace que los

recuerdos se dulcifiquen o recrudezcan. Por esto, debemos contrastar la información que nos aporten las fuentes.

3. **No engancharse en el proceso de documentación, no prolongarlo más de lo debido**: si no has documentado antes, esto te puede sonar raro. Documentar una obra es un proceso apasionante, también complicado. Si no partimos de unas pautas preconcebidas, podemos llevarnos tanto tiempo recopilando información, que no solo dilate el proceso de escritura, sino que se convierta en una seria dificultad que enmarañe la trama.

4. **No tenemos que tener toda la información antes de empezar a escribir**: este punto viene a cuento del anterior. Veremos más adelante que, teniendo una información básica de personajes, espacio y tiempo, podemos ponernos manos a la obra. Nos seguiremos documentando de forma puntual según las necesidades que vayan surgiendo.

5. **Hay que tener cuidado con las fuentes que se quedan obsoletas**: debemos buscar siempre las fuentes más actuales, ya que de otra manera podemos encontrarnos que estamos hablando de cosas que han sido denostadas recientemente.

## d) El proceso de documentación

Debemos diferenciar entre dos cosas bien distintas:

1. Nos documentamos de forma arbitraria para encontrar un tema, un personaje, una trama, una acción, un hecho, un acontecimiento... que nos permita inspirarnos para escribir una novela.
2. Nos documentamos para la novela que estamos escribiendo, según la metodología expuesta en este manual. Por lo que previamente ya tenemos un argumento, una estructura, unos personajes, unos escenarios.

En este caso nos vamos a centrar en el **punto dos**, y lo primero que hay que hacer es ver qué necesidades de documentación vamos a tener con nuestra novela, para después concretar las cosas y situar la historia en un lugar y en un tiempo determinados, ya sean reales o ficticios.

Veamos qué aspectos tenemos que documentar. A algunos de ellos, como el Tema, quizá no tengamos que dedicarle mucho tiempo. Otros, como el ambiente social donde se desarrolla, seguramente nos obligarán a trabajar bastante:

- Tema
- Acontecimientos
- Época
- Personajes
- Espacio
- Sociedad

Eso nos dará una idea de los grandes rasgos documentales que vamos a necesitar para nuestra novela, haciendo hincapié en aquellos temas que puedan estar relacionados con los hábitos amorosos, ya que nuestro principal motor, al ser una novela romántica, será la relación de amor entre los personajes.

*No es lo mismo abordar una relación de amor en el siglo 4 a.C., que en el siglo XII, o que en el XX. Tampoco es lo mismo que la acción se desarrolle en México, en la India o en Dubái.*

A partir de aquí hay que seguir los siguientes pasos básicos.

1. **Para empezar lo más importante es acotar el marco temporal**: por nuestro trabajo en las unidades anteriores, ya sabemos cuál es el marco temporal de nuestra novela. ¿Se desarrollará durante una semana, o por espacio de tres años? ¿En qué ápoca, en el siglo XVI o en la época actual? Dentro de qué cronograma.

Veamos un ejemplo con nuestro ARGUMENTO 3.

| FICHA DE MARCO TEMPORAL | |
|---|---|
| **ÉPOCA** | 1420 a.C. en el sur de Egipto. Ciudad de Tebas |
| **ARCO TEMPORAL** | La novela se desarrolla por espacio de tres semanas |
| **CRONOGRAMA** | La novela, según nuestro calendario actual, abarca desde el 5 de mayo del 1420 a.C., hasta el 26 del mismo mes (ver correlación con el calendario egipcio). |

El cronograma definitivo, el de trabajo y planificación de la novela, será mucho más extenso.

201

Este cronograma nos servirá para conocer factores ambientales como si era época de crecida del Nilo, qué temperatura ambiental habría, o que sucesos concretos acontecieron en ese periodo en concreto

2. **Desmenuzar los aspectos generales y abstractos en temas y darles un título a cada uno**: ya sabemos que en nuestra novela vamos a tocar uno o varios temas. Ahora es el momento de hacer un listado de ellos y conocer qué aspectos son los que necesitamos conocer a fondo

| FICHA DE DOCUMENTACIÓN DE TEMAS | |
|---|---|
| **TEMAS PRINCIPALES** | El orgullo |
| **TEMAS SECUNDARIOS** | Los principios firmemente arraigados |
| | Cómo el amor puede llegar a transformarnos |

3. **Trabajar con el esquema de tramas y subtramas para tener una idea lo más concreta posible de lo que necesitamos saber**: sabemos de qué trata nuestra novela, y qué sucederá en cada uno de los cuerpos que la componen. En este momento debemos hacer un esquema de documentación basado en las tramas.

| FICHA DE DOCUMENTACIÓN SEGÚN TRAMAS |
|---|
| **DETONANTE** |
| Localizar una aldea del norte de Egipto |
| Buscar los fundamentos del culto a la diosa Hathor |

4. **Hacer una lista con los detalles, datos, fechas, etc. que vamos a necesitar**: útil sobre todo para tramas que mezclen hechos reales con ficticios. Se trata de elaborar un listado en el que aparezcan aquellos hitos que van a tener alguna relevancia en la novela y que debemos conocer de antemano: si durante el relato transcurre una guerra; ¿cuáles son sus fechas más importantes?, ¿cuándo comienza?, ¿hay alguna batalla destacada?, ¿en qué ciudad? Si la novela habla de un asesino en serie ¿dónde aparecen las víctimas? Debemos conocer el lugar. ¿Cómo acaba con ellas? Debemos conocer el modus operandi de un psicópata ¿Vamos a dar pistas al lector? Debemos conocer esas pistas y documentarlas. ¿Cuáles?

5. **En esa misma lista anotar qué fuentes de documentación podemos utilizar y dónde encontrarla**: el punto 5 se termina de realizar una vez buscada la información. Toda ella se recoge en una tabla. Lo que vamos a reseñar en ella es dónde está la información que hemos localizado siguiendo el siguiente código: LIB (para libros, periódicos y revistas), CD (archivo informático), PA (página), Pi (ubicación dentro del archivo informático). Cada libro, cada mapa, cada CD, cada DVD, cada periódico, debe estar perfectamente numerado con un *post-it*.

| FICHA DE LOCALIZACIÓN DE DOCUMENTACIÓN | |
|---|---|
| **DETONANTE** | |
| Localizar una aldea del norte de Egipto | LIB 4- PA 33, CD 1-PA 13 |
| Buscar los fundamentos del culto a la diosa Hathor | LIB 14-PA 53, LIB 1-PA 7 |
| Buscar información básica sobre medicina del Antiguo Egipto | LIB 12-PA 13 |
| Etc. | LIB 7-PA 21, LIB 33-PA 2 |

## FICHA DE DATOS FUNDAMENTALES

| DETONANTE | |
|---|---|
| Caída de Roma | 4 de septiembre del 476 d.C. |
| Batalla de las Termópilas | 480 a.C. |
| Último rey de Egipto | Cleopatra VII |
| Fecha de crecida del Nilo | Ultimo cinco días después del solsticio de Verano |

Y volvamos a hora a una teoría que ya vimos cuando hablamos de los personajes; la teoría del iceberg.

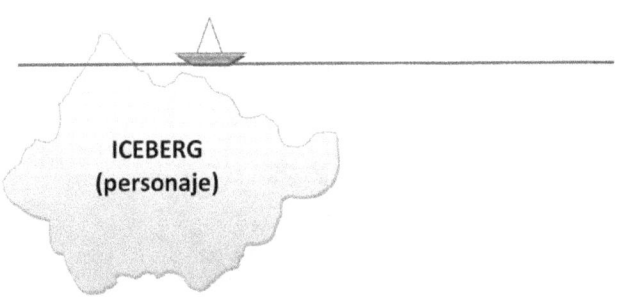

*Es necesario tener una documentación amplia sobre diferentes aspectos que se tratarán en la novela, aunque después solo será visible una parte.*

**ADVERTENCIA**: El hecho de encontrar un elemento nuevo e interesante durante la búsqueda de información, puede hacernos cambiar completamente la trama de nuestra historia. Esto siempre es interesante y nos permitirá explotar facetas nuevas, pero también puede llegar a ser negativo si al introducir nuevos elementos en la trama no la revisamos para ver si todo encaja de nuevo ¿Recuerdas que decíamos que una novela es como un puzle en el que todas las piezas deben encaja? Nosotros, a través de este método, hemos hecho una trama equilibrada, un cambio no evaluado puede hacer que se venga abajo.

### e) Qué debemos documentar

La respuesta es fácil y posiblemente ya la sepas; debemos documentar los tres elementos que aportarán información al lector sobre lo narrado.

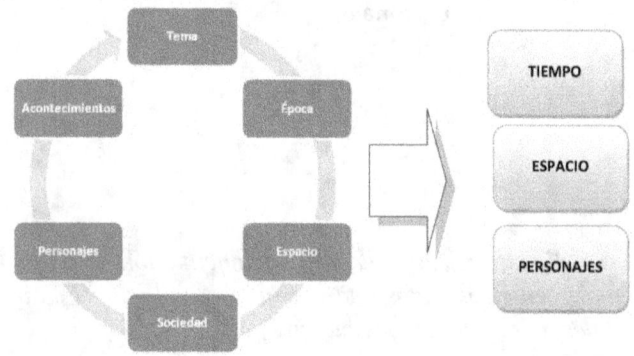

**TIEMPO**

Cuando hablamos de tiempo en el ámbito de la documentación, estamos hablando de **época**. La época debemos entenderla como **cualquier época; pasada, presente o futura**.

A la hora de documentar el tiempo, podemos buscar información sobre:

| Hechos y personajes históricos | Qué sucedió de trascendencia en esa época. Quiénes eran los protagonistas más destacados. |
|---|---|

Personajes como Napoleón, o hechos como la Revolución Francesa, cambiaron la forma de entender el mundo. No podemos desconocer esas nuevas corrientes, lo que no significa que tengamos que incluir a los personajes (o referencias a los mismos) en la trama.

| Cómo condiciona la época | Cómo se vivía o se vive en esa época; en qué medios de transporte se desplazaban, cuánto tardan en llegar, cuáles eran las tareas diarias de la mujeres, cómo era la composición familiar, de qué moría la gente, cómo se trabajaba y dónde, la moda, los buenos modales y normas de cortesía, etc. |
|---|---|

Informaciones básicas que nos evitarán cometer errores como el del "grifo de agua caliente en el baño" de una novela escocesa ambientada en el siglo XII. Esta información podremos encontrarla en cualquier manual de historia. Para quienes queráis una información más específica os recomiendo "Historia de las mujeres", de Georges Duby y Michelle Perrot, editado por Taurus. Son varios tomos, cada uno de una época histórica, que introducen muy bien en los hábitos sociales.

| Condiciones históricas y políticas | Localizar las condiciones concretas de la época sobre la que estamos narrando. |
|---|---|

Es importante porque no tiene nada que ver que ubiquemos nuestra historia en la España de 1935 (Segunda República), en 1938 (en plena Guerra Civil) o en 1942 (plena postguerra), ya que las condiciones de vida del ciudadano cambiaron de forma notable. Traslada esto a cualquier época histórica, ¿se desarrolla tu novela en época de guerra o de paz? ¿Hubo en aquellas fechas alguna epidemia? Etc.

| Clima | Localizar de la forma más aproximada posible las condiciones climáticas de la época en la que transcurre la historia. |
|---|---|

Imagina que ubicas una historia en el Caribe y que los protagonistas sufren el enviste de un ciclón. Debes saber cuál es el periodo del año en que se producen. O que la ambientas en la India y navegan por un río bajo la lluvia de los monzones.

| Condiciones económicas | Saber si nos encontramos en una época de bonanza económica o de crisis |
|---|---|

Sería muy diferente ambientar una novela antes del crack del Nueva York del año 1929, o un año después.

| Condiciones | Se refiere a conocer la disposición del |
|---|---|

| geográficas | espacio en la época que se va a tratar |

Imagina, por ejemplo, que ambientas tu novela en Sevilla en 1066. Estarías localizando en un reino medieval musulmán, con fronteras con los reinos de Badajoz, Toledo, Denia, Málaga, Granada y Almería.

| Condiciones laborales | Se refiere a conocer las condiciones de trabajo de la época en la que se documente la novela |

¿Sabemos cuántas horas se trabaja al día? ¿Se descansa? ¿Cuándo? ¿A qué edad se incorporan los jóvenes al trabajo? ¿Tenían remuneración? Etc.

| Profesiones de la época | Se refiere a conocer las profesiones que existían y las que no existían en la época en la que se documente la novela |

Si ambientas tu novela en el siglo XIX verás que han aparecido nuevos oficios que antes no existían, y que están vinculados a nuevas formas productivas.

| Vida familiar | Documentarse sobre las relaciones dentro de la familia en la época en cuestión |

Debes conocer datos relacionados con la herencia, la época en la que se accedía al matrimonio, si estos eran o no concertados, las relaciones y trato entre padre e hijos, el número medio de hijos por familia. Etc.

| Ritos y celebraciones | Es necesario tener información sobre cómo eran los ritos y cuáles eran las festividades. |
|---|---|

¿Existía el divorcio? ¿Cómo era la ceremonia del matrimonio? ¿Qué días festivos había? ¿Se celebraban con algún rito o costumbre especial?

| Creencias religiosas y supersticiones | Conocer en qué creía la gente en la época en la que trascurre nuestra novela y cuáles eran las supersticiones más comunes. |
|---|---|

Si nuestra novela tiene alguna implicación religiosa es necesario conocer cómo vivía sus creencias la gente de la época en cuestión.

| Medios de transporte y de comunicación | Un punto fundamental. Saber cómo se trasladaban de un lado a otro y cómo se comunicaban. |
|---|---|

¿Era en coche o a caballo? ¿Había caminos empedrados? ¿Existían ya las palomas mensajeras? ¿Y el correo postal? Etc.

| Comida y bebida | Cada época tiene sus costumbres alimenticias y también una tipología de |
|---|---|

| bebidas |
| --- |

Me imagino nuestra novela ambientada en el antiguo Egipto. Es necesario saber que la bebida nacional era la cerveza. O en Roma, quizá el vino con miel. O en el siglo XVIII donde se tomaba el chocolate amargo y condimentado con especias.

| **Medicina** | Por supuesto conocer las enfermedades propias de cada época, y también cómo se trataban. |
| --- | --- |

Si nuestra protagonista tiene un accidente ¿cómo la atienden? ¿Qué tipo de emplastos le colocan? ¿La vendan o dejan curar la herida al aire?

| **Alcohol, tabaco y drogas** | Me temo que las adicciones son universales. ¿Cuáles eran los de cada época? |
| --- | --- |

¿Era normal tomar burdeos en el siglo XVIII en Francia? ¿Tabaco o rapé? ¿Absenta o heroína? Conocer estas peculiaridades puede sernos necesario.

| **Educación / formación** | Cuál era el nivel formativo propio por clases, países, géneros, etc. |
| --- | --- |

¿Tienen acceso a la educación las mujeres? ¿Y los aristócratas, es normal que se formen en universidades?

Estas, por ejemplo, son algunas de las cuestiones que debemos conocer si procede.

| Condiciones higiénicas | Cuáles son los hábitos de higiene en la época en la que documentamos nuestra novela. |
|---|---|

Hemos de tenerlo en cuenta sobre todo porque solemos trasladar costumbres como el baño a cualquier época y lugar. Solo apuntar que la construcción inicial del palacio de Versalles que, una vez completado, alojaría a la familia real francesa, a un millar de nobles y a 4000 sirvientes, no incluía instalaciones para retretes o cuartos de baño, pese a la grandiosidad de las fuentes y cascadas exteriores.

| Labores del hogar | Conocer cuál es la dinámica habitual de mantenimiento del hogar en la época de la narración. |
|---|---|

Conocer procesos que quizá hoy día nos son ajenos, como el método de lavado de la ropa y su blanqueado con cenizas.

| Inventos, avances y comodidades del hogar | Una ampliación de lo anterior. Sería la aplicación de los descubrimientos a la vida cotidiana. |
|---|---|

Sobre todo tenerlo en cuenta para novelas ambientadas durante el siglo XX, ya que podemos dar por hecho tecnologías aún no inventadas (TV, Tablet, móvil, etc.)

| Herramientas | Conocer las herramientas habituales según actividades a desarrollar. |
|---|---|

Se refiere a la necesidad de saber, si fuera necesario, el nombre de los aperos del campo, de los enganches para caballos, o las herramientas de un herrero, siempre según la época retratada.

| Delitos, mafias y crímenes de la época | Las mafias organizadas son universales (*Rinconete y Cortadillo*, de Cervantes.) Siempre es conveniente conocerlas. |
|---|---|

Siempre y cuando nuestros personajes vayan a tener trato con ellas, vayan a ser asaltados, o perseguidos.

| Armas y municiones | Conocer cuáles son las armas utilizadas en la época de desarrollo de nuestra novela. |
|---|---|

¿En el siglo XVI se utilizaba la pistola o el arcabuz? ¿Qué munición usaba? ¿Cómo se cargaba?

| Decoración, muebles y objetos ornamentales | Necesario para la descripción de interiores. |
|---|---|

¿Era costumbre poner flores en el hogar? ¿Qué clases sociales tenían acceso a la porcelana? ¿Qué estilo de mobiliario decoraba los salones? ¿Era el mismo para todas las clases sociales?

| Corrientes artísticas | Adecuar la ambientación a la corriente artística del momento en el que se desarrolla la historia. |
|---|---|

No tiene nada que ver el interior de una casa o la fachada de una iglesia en la época Gótica que en la barroca.

| Ocio y tiempo libre | ¿Qué hacía la gente cuando quería divertirse? |
|---|---|

¿Acudían a un baile? ¿Paseaban por un jardín? ¿Jugaban a los naipes? ¿Asistían a una lectura poética? ¿Se tomaban unas vacaciones en el campo o la playa?

| Comercio | Gira en torno a la necesidad de conocer hábitos de negocio concretos para la ambientación de la novela. |
|---|---|

Cómo eran las transacciones comerciales, en qué tipo de tienda se compraban qué artículos, etc.

| Moneda y precio de las cosas | Es importante localizar el tipo de moneda que se utilizaba (o se utilizará si es futuro) en la época a documentar. |
| --- | --- |

No solo conocer el tipo, sino también entender su valor; qué se podía comprar con un *escudo*, o con una *perra gorda*, o con un *duro*. Inventar sistemas de intercambio para época futura.

| Iluminación y fuentes de energía | Saber cómo se vencía la oscuridad y qué fuentes de energía eran usadas. |
| --- | --- |

Como dato curioso podemos anotar que ya en 1784 William Murdock usó un sistema de lámparas de gas para iluminar su casa en Inglaterra. También debemos conocer cómo se proveían de energía ¿carbón? ¿Petróleo? ¿Electricidad? ¿Una fuente de energía inventada si nuestra novela es Fantástica o Ciencia Ficción?

| Paisaje urbano y rural | Tener una idea clara de cómo eran los paisajes urbanos o rurales. |
| --- | --- |

Las ciudades del pasado no tenían nada que ver con las presentes. Debemos conocer si existía sistema de alcantarillado y si no cómo evacuaban las aguas residuales, si las calles estaban pavimentadas, si existía sereno. También cómo era el campo, ¿había plantaciones de trigo, o de maíz? Etc.

| Opciones sexuales | Sobre todo para la novela GLBT, debemos conocer qué características sociales sustentaban las opciones sexuales. |
| --- | --- |

Imagina que nuestra novela es una historia de amor entre dos mujeres. La historia cambiaría radicalmente si la ubicamos hoy día a si lo hacemos en la Europa de 1600. Debemos documentarnos sobre las características sociales (permisividades y vetos), al tratar este tema en la historia, incluso al proyectarlo al futuro.

| Discriminación | Sobre todo en el género Multiétnico, pero también cuando tratamos el tema, es necesario una documentación exhaustiva |
| --- | --- |

Si en nuestra novela aparecen conflictos raciales, debemos enmarcarlos en una problemática real de una época.

| Roles de hombres, mujeres y niños | En toda sociedad, el hombre y la mujer desempeñas roles prefijados que es necesario conocer. También por edades. |
| --- | --- |

En novela romántica, donde la relación amorosa entre los personajes es fundamental, debemos conocer qué roles desempeñaban hombres y mujeres en la época a documentar.

*IMPORTANTE: A cada uno según sus necesidades; de todos estos puntos, buscarás solo aquellos que vayas necesitando para documentar, recrear y ambientar tu novela.*

## ESPACIO

Otro de los aspectos fundamentales en documentación es definir la localización geográfica de la novela. Ahora debemos situarnos en una ciudad o en un pueblo, en un determinado país, en una casa concreta, en un salón, dormitorio y bañera en particular.

A los personajes hay que darles una casa, una tierra, unas raíces, que determinarán su leguaje, sus códigos culturales, y sus vivencias personales. Piensa en cualquiera de los protagonistas y las protagonistas de tus novelas preferidas. Posiblemente no sepas de dónde son, dónde viven, pero las descripciones del espacio nos dicen mucho de eso, y tu cerebro hace el resto para crear una imagen completa.

Tenemos dos tipos de escenarios; los **reales** y los **inventados**.

- **Escenarios reales**: añaden verosimilitud y complicidad con el lector, ya que podrá incorporar sus relaciones y conocimiento con el lugar. En contrapartida nos exige conocer y documentarnos de forma exhaustiva
- **Lugares inventados**: su ventaja es que tú puedes diseñarlo, construirlo y decorarlo de acuerdo con tus necesidades. Pero debes darles un ambiente tan real como si fuera cierto para que el lector lo vea sólido.

217

También podemos hablar de localizaciones específicas, como instalaciones y establecimientos concretos. También bares, iglesias, templos, parques, mercados, etc.

El espacio lo podemos documentar de **4 formas básicas**:

- Mediante atlas y libros de geografía e historia.
- Mapas a través de internet (recomiendo http://maps.google.es para las localizaciones, y http://www.viamichelin.es para los trayectos)
- In situ; viajando a los lugares en concreto.
- Información en Internet, siempre y cuando contrastes la documentación obtenida con varias fuentes.

A la hora de documentar el espacio, podemos buscar información sobre:

| Vocabulario y expresiones | Es conveniente saber qué se dice o qué no se dice en la zona de ambientación. |
|---|---|

La riqueza de nuestra lengua hace que una misma cosa tenga diferentes nombres según donde nos ubiquemos. Igualmente una palabra puede ser común en un territorio y malsonante en otro.

| Comidas locales | Utilizar la gastronomía real de la zona de localización. |
|---|---|

Es conveniente saber qué costumbres gastronómicas hay en los diferentes sitios donde localizamos, para evitar errores, como la utilización del cuscús en el sur de España.

| Arquitectura | Saber qué tipo de arquitectura retrata el paisaje de la localización /zona donde ambientemos la novela. |
|---|---|

Sabemos cuál es el paisaje de Nueva York, o de Londres, o de Miami, pero ¿Cómo es el de Mérida (México)? ¿Y el de Mérida (España)?

| Clima | Conocer los fenómenos climáticos de la zona, así como sus estaciones, temperaturas, etc. |
|---|---|

Necesitamos informarnos de las condiciones climáticas del lugar donde se desarrolla la historia. Saber qué sucede en cada estación, si hay fenómenos atmosféricos excepcionales como ciclones, qué temperatura se alcanza, etc.

| Paisaje | Conocer las peculiaridades del paisaje al que nos referimos. |
|---|---|

Podemos pensar que los desiertos son todos iguales; una interminable continuidad de arena. Pero si buscas imágenes del desierto de Atacama y del de Gobi verás que no es así. Cada espacio tiene sus propias características más allá de las generales.

| Ceremonias locales | Documentarse sobre la diferenciación festiva de la localidad. |
|---|---|

Ambientar una novela en Sevilla, durante el mes de abril, sin hacer alguna referencia a la Semana Santa o a la Feria de Abril, puede resultar sospechoso. Sobre todo por las incomodidades de tráfico y público que seguro deberían afectar a nuestros protagonistas.

### PERSONAJES

Si te fijas bien, ya tenemos casi toda la información necesaria para escribir nuestra novela sin errores de documentación. Solo nos faltan los aspectos más íntimos de los personajes.

A la hora de documentar a los personajes, podemos buscar información sobre

| Quiénes son | Clase social. Edad, situación familiar, educación, sexo, etc. |
|---|---|

| Qué hacen | Estudian o trabajan. Gustos y preferencias |
|---|---|

| Cómo viven | En familia, divorciados, solos |
|---|---|

| Cómo visten | Se llevaba el bigote, o el cabello largo, o recogido. ¿Guardainfantes? |
| --- | --- |

Casi todo este trabajo ya lo hemos hecho en nuestras fichas de personajes. Ahora solo debemos asegurarnos si nuestro protagonista hacía o no el ridículo llevando una melena hasta los hombros en la Francia de 1800.

# f) Resumen del capítulo 7

1. Documentar es recopilar y ordenar la información necesaria para que, a la hora de narrar, la trama que hemos trazado sea creíble.
2. Debemos diferenciar entre lo que son errores debidos a un despiste del autor, y una falta de documentación. Los primeros pueden ser excusables. Los segundos pocas veces.
3. Siempre es necesario comprobar los datos con al menos dos fuentes diferenciadas.
4. Debemos tener cuidado para no prolongar el proceso de documentación de forma indefinida.
5. Lo que debemos documentar, habitualmente, solo son tres aspectos de la novela: el tiempo, el espacio y los personajes.
6. Los pasos para una correcta documentación son: acotar el marco temporal y geográfico, desmenuzar los aspectos más generales o abstractos del tema, trabajar a partir del esquema de la Trama, hacer un listado de las

necesidades, y localizar las fuentes de documentación.

## g) Algunos ejercicios para cimentar los conocimientos de este capítulo

### LECTURA

—*Pues yo digo que deberíamos meterlo en un hormiguero y echarle miguitas de pan.*

*Amanda Devereaux rió ante la idea de Selena. Por graves que fueran sus problemas, su hermana mayor siempre conseguía hacerla reír. Precisamente por eso estaba sentada una fría tarde de domingo en el puesto de Jackson Square donde Selena leía el tarot y las líneas de la mano, en lugar de en la cama con las mantas hasta las orejas.*

*Todavía sonriendo ante la imagen de millones de hormigas mordisqueando el pálido y fofo cuerpo de Cliff, Amanda echó un vistazo a los turistas que atestaban la zona comercial de Nueva Orleans incluso en aquel oscuro día de noviembre.*

*El aroma del café de achicoria caliente y de los beignets flotaba desde el Cafe Du Monde y se extendía por toda la calle, mientras los coches pasaban zumbando a unos metros de distancia.*

*Tanto las nubes como el cielo tenían un color gris plomizo que casaba a la perfección con el talante hosco de Amanda.*

*La mayoría de los vendedores ambulantes de Jackson Square ni siquiera se molestaba en colocar los puestos durante el invierno, pero su hermana Selena consideraba que el suyo era un tesoro tan importante como la catedral de San Luis, que se alzaba tras ellas. Menudo tesoro...*

**Placeres de la noche**, *Sherrilyn Kenyon*
*(Plaza&Janés)*

1. En este capítulo hemos hablado sobre los aspectos documentables de la novela. Apunta cuáles son y razona, refiriéndote al texto anterior. Para qué partes crees que ha necesitado documentarse Sherrilyn.
2. Busca y contrasta la infamación que nos da la autora.
3. **Tras estudiar este capítulo vamos trabajar la documentación de tu novela**. elabora los siguientes ejercicios: acota el marco temporal de tu novela por medio de la realización de una Ficha de Marco temporal. Elabora la Ficha de Documentación de Temas (al menos los principales). Elabora la Ficha de Documentación de Tramas (al menos las principales). Elabora un listado con aquellos datos fundamentales que necesitarás, como fechas, acontecimientos, etc.

# 8. LOS ELEMENTOS NARRATIVOS

## a) Introducción

Has visto que hasta ahora nos hemos centrado en aquellos elementos literarios que están centrados en la **Historia**, fuera del lenguaje, como la construcción de la trama, la definición de personajes y espacios, o el proceso de documentación. En esta unidad nos centraremos en la búsqueda de tu voz propia, y en la **Narración**.

Todas esas autoras que te gustan se diferencian en que han encontrado **una forma de narrar única**, de contar las cosas desde un punto de vista completamente personal. **Eso es lo que debes buscar, la diferenciación**.

Ya conocemos los elementos claves para que nuestra novela funcione, ahora busca dentro de ti esa voz única, irremplazable.

Hace unos días vinieron unos amigos a comer a casa. Tras los postres, y sin saber cómo, estábamos hablando de cómo se conocieron. Ella nos contó que estaba en el cumpleaños de su sobrino y que había un tipo desconocido, amigo de un amigo de su cuñado, que solo hacía mirarla y sonreír. Cinco minutos después, nuestro *Don Juan* la había invitado a cenar esa noche. ¿Cómo se lo quitaba ella de encima? Con una pregunta: "si de aquí a que termine el cumpleaños has descubierto tres cosas sobre mí, cenaremos junto"... eso pasó hace 20 años.

¿Un buen argumento para una novela? Yo creo que sí. Pero cada una de las personas que están leyendo este manual escribiría una obra distinta, con su propia voz.

## b) El tono

El tono en una novela debes imaginarlo **como una voz** (¿Como la conciencia?) que dice lo que ocurre.

Imagínate a tu grupo habitual de amigos. Seguro que hay alguno o alguna especialmente divertido, es posible que otro sea de carácter serio, y hasta un tercero que nos sorprende por su ironía. Imagina ahora cualquier conversación con ellos, una conversación en la que se sientan a gusto y cada uno se muestre como es. Esa voz de cada uno es el tono.

El narrador de tu novela, por tanto, se hace eco de esa voz, de ese tono, para conseguir un efecto en el lector. El mismo suceso varía según el tono en que se cuente.

Las voces narrativas pueden ser infinitas. Para que te hagas una idea echemos un vistazo a algunas:

| | |
|---|---|
| La que ironiza | La que observa |
| La que indica | La que indica |
| La que agrede | La que miente |
| La que obedece | La que ruega |
| La que juzga | La que engaña |
| La que desconfía | La que interroga |
| La que desafía | La que se burla |
| La que ama | La que duda |
| La que simula | La que dirige |
| La que se venga | La que exagera |
| La que persuade | La que analiza |
| La que sufre | La que niega |
| La que explica | La que afirma |

La que calla          La que grita

Y ahora imagínate a ti a lo largo de un día cualquiera de esta semana. Te has levantado con buen pie (*la voz que tranquiliza*), pero al llegar al trabajo o al mercado has tenido un pequeño incidente (*la voz que agrede*), para conseguir cerrarlo en tablas (*la voz que persuade*). De vuelta a casa has recibido la llamada de tu mejor amiga (*la voz que interroga o la voz que explica*), y al final has podido meterte de nuevo en la cama feliz (*la voz que ama*).

Una novela es así; **tu narrador puede ir cambiando de voces a lo largo de la obra dependiendo de las circunstancias**. PERO, tú tienes un carácter, como tu amigo el graciosos, o el serio o el irónico, por lo que por encima de estos cambios, tu novela sí debe tener una única voz que la aglutine.

## c) El diálogo

Es posible que el diálogo sea una de las formas narrativas más creíbles para el lector. Solemos utilizarlo para hacer más verosímiles las historias. También para dinamizarlas y hacerlas más ágiles, más ligeras. Es un método muy adecuado para dar a conocer a los personajes sin tener que describirlos.

*—Deberías volver adentro —dijo Aedan, tranquilo, ya que había un marinero cerca—. Te estás muriendo de frío.*

226

*—No.*

*—No puedes estar aquí sin un guardia, Callese.*

*—Tampoco tú —respondió con sensatez.*

**La última sirena**, *de Shana Abe (Valery)*

Básicamente tenemos dos formas de transcribir los diálogos. Este punto lo remarcamos porque el 70% de las novelas de romántica que llegan a una editorial tienen erratas a la hora de escribir diálogos.

**La forma latina (como el ejemplo anterior)**

- Cada intervención se considera un párrafo y se marca con una raya en su inicio (sin espacio con la primera palabra)
- Los comentarios del narrador se encierran entre guiones.
- Delante del punto final se omite el guion.
- Se utilizan las comillas para marcar los pensamientos

**La forma anglosajona**

Se diferencia en que se marca con comillas en vez de guiones, por lo demás se sigue la misma norma ortográfica.

*«Deberías volver adentro» dijo Aedan, tranquilo, ya que había un marinero cerca. «Te estás muriendo de frío».*

*«No».*

Cuando trabajemos con diálogos (algo absolutamente imprescindible en narrativa romántica), debemos ser conscientes de que este recurso narrativo entraña tres riesgos básicos que debemos conocer.

- **Artificialidad**: cuando construimos diálogos poco creíble.
- **Ambigüedad**: cuando construimos diálogos poco claros.
- **Indefinición**: cuando los personajes no se logran diferenciar por sus propias voces.

Esto implica que para construir diálogos sólidos, estos deben ser:

- **Creíbles**: el lector no debe dudar de lo que se dice.
- **Claros**: debe haber comunicación entre los personajes y cumplir un fin en la novela.
- **Definidos**: incluso sin indicar quién habla, el lector debería reconocerlo.

Para conseguir diálogos sólidos hay que marcar una par de pautas:

- **Cómo hablan los personajes**: el diálogo debe reflejar tanto el nivel sociocultural de un personaje como su nivel emocional. Vemos un ejemplo en *Alma*, de Bel Frances.

*—¿Está usted de acuerdo con lo que se le expuso en la carta?— Preguntó el viajero dirigiéndose a su tío— ¿Comprende que es por el bien de la joven?¿Ha entendido todas las disposiciones que le exponía mi señor?*

*Tío Marc permaneció en silencio. Parecía más atento a las grietas gastadas del suelo de madera que a la pregunta que le había formulado el caballero.*

*Desde atrás, la voz nerviosa de su tía contestó por él.*

*—Señor, se lo suplico... es aún demasiado joven, no ha cumplido todavía dieciséis años. No está preparada para otra vida que para ésta. Si al menos nos dieran tiempo para explicarle...*

*—¡Ana! —la voz fría de tío Marc cortaba como un sedal tensado— ya hemos hablado de eso.*

*—Pero...*

*—¡Alma tiene que irse!.*

Observemos el diálogo anterior:

a)  La voz de Monsieur Blemont (el primero en hablar) es la de un hombre educado, que se codea con la clase social alta de la época. Esto se ve en su forma de expresarse.

b)  La voz tía Ana, no solo expresa su posición más abajo en la escala social, sino su momento emocional.

c)  La voz de tío Marc en este momento, es la de un hombre duro, que irá evolucionando a lo largo de la novela.

• **Qué dicen los personajes**: según cómo abordan los temas podemos expresar su personalidad, sus costumbres, y muchas otras cosas. Veámoslo también con *Alma*.

*Apoyó la cabeza en la pared. Como cada vez que cerraba los ojos, la imagen de Bertrand acudió a su cabeza. No estaba segura de poder soportar su abandono, sin embargo tenía que intentarlo.*

*Se debió quedar dormida. De pronto sintió que la zarandeaban suavemente.*

*—Hola, hola, despierte.*

*Abrió los ojos. Allí parada se encontraba una mujer desconocida que le sonreía.*

*—Oh, disculpe —dijo frotándose los ojos— Me he debido quedar dormida.*

*—Se os veía muy a gusto, pero me ha dado miedo de que cogierais frío —sonrió la joven—. Mi nombre es Sally, Sally Bardey y vivo en ese piso.*

*—Es un placer conocerla. Yo soy Alma de Nébouzan. Intento entrar en mi apartamento.*

*De pronto se acordó de que el baúl y las maletas estaban justo delante de la puerta de su vecina.*

*—Oh, disculpad —dijo poniéndose en pie e intentando apartar el pesado equipaje—. El cochero lo dejó todo ahí...*

*—No se preocupe. —Contestó la muchacha.*

*Dio un ágil saltó por encima del baúl y abrió su puerta sin dificultad.*

*—¿Veis que fácil?*

*Alma sonrió.*

*Su nueva vecina parecía agradable. Era una chica de su edad, con el cabello de un pelirrojo rabioso y los labios pintados de carmín. Le resultaba muy bonita y vestía tan a la moda como los figurines que había visto en las revistas que le traía de tanto en tanto monsieur Blemont.*

Analicemos de nuevo este ejemplo:

a)  La voz de Sally, la nueva vecina de Alma, es la de una mujer de mundo. Todo en su forma de hablar y de comportarse lo demuestra.

b)  Alma, en cambio, es una chica provinciana acabada de llegar a la ciudad. Su inseguridad también está reflejada en su forma de hablar.

El diálogo lo podemos trabajar de dos maneras distintas en la novela romántica:

* El diálogo directo, el más habitual en nuestro género.
* El diálogo indirecto.

**Diálogo directo**

El diálogo directo es la reproducción hecha por el narrador de lo hablado. El error más habitual suele ser el de **detener la acción mientras los personajes hablan**. ¿Qué quiere esto decir? Veamos en este fragmento de *Peligroso deseo*, de Deborah Raleigh (El Ateneo). Observa cómo la descripción de la acción continúa mientras los personajes hablan.

*Arrojó las cartas sobre la mesa y contempló las facciones inescrutables de Hawksley. El madito se mantenía impasible a pesar del montón de billetes que se acumulaban de un modo indecente frente a él.*

*—Parece que tienes suerte otra vez, Hawksley.*

*—Eso parece.*

*—Alguien podría decir, incluso, que tienes una suerte poco natural.*

*Hawksley entrecerró los ojos. [...] Doblando los billetes con sus dedos delgados, Hawksley se los guardó en el bolsillo de su chaqueta.*

—*Prefiero pensar que fue habilidad más que suerte.*

—*¿Habilidad? —el rostro de su abatido oponente enrojeció, como si lo estuviera estrangulando su corbata—. Hay otra palabra para eso.*

—*Cuidado, Pendleton. No se puede confiar en mi carácter, y me ofendería mucho si llegaras a cuestionar mi honor.*

—*Maldito arrogante, diré lo que diablos se me antoje.*

*Hawksley le dedicó una de sus frías sonrisas.*

—*¿Acaso ansías una cita al alba?*

—*¿Me estás amenazando?*

*Hawksley se encogió de hombros. No estaba de humor para aplacar el orgullo herido del imbécil. Ya tenía su dinero. Ahora todo lo que quería era marcharse.*

—*Solo aclaro tus opciones, Pendleton. Puedes aceptar tu pérdida y retirarte con un poco de dignidad, o podemos encontrarnos mañana en el campo de honor.*

*El rostro cobró un tinte morado y luego pasó a un curioso matiz del púrpura. Por un extraño momento pareció que iba a estallarle la cabeza. Gracias a Dios el momento pasó, y se puso de pie con torpeza.*

—*Bah, ni siquiera vales una bala.*

*Hawksley había dedicado su vida a disgustar y ofender a los demás, y el insulto no le hizo mella.*

—*En general, la mayoría de los que me conocen llega a esa conclusión*

—*Maldito bastardo —murmuró Pendleton, mientras se retiraba casi como si estuviera huyendo.*

**Diálogo indirecto**

232

En el diálogo indirecto el narrador **cuenta la conversación**. Desde este punto de vista tendríamos dos tipos.

- El **indirecto estándar**. Aparece como la traslación de una proposición, hecha mediante una oración subordinada precedida de "que". *Ejemplo: Jane dijo que nunca más vería a aquel hombre.*
- El **indirecto libre**. Es una variante del indirecto, con la diferencia de que aquí el relato del narrador (generalmente en pasado, y en tercera persona) se entremezcla con expresiones del personaje, y se utilizan las referencias de tiempo y lugar propias del personaje, no del narrador. Veámoslo con un ejemplo: *Ella anduvo por el bosque, segura a cada paso. "Jamás volverá a tocarme". Lo tenía claro. Un hombre como aquél nunca la merecería.*

## d) La descripción

**El objetivo principal de la descripción es mostrar.** Para mostrar podemos servirnos de la presentación y de la observación:

- **Presentación**: el narrador presenta a los personajes o los escenarios y habla de su ambiente.
- **Observación**: se explica lo que se ve.

Veamos un ejemplo en la novela *Fuera de control*, de Rebecca York (Valery).

Todos vivían en la base, pero había un par de bares en donde podían negociar un revolcón por menos de cincuenta dólares. Una mamada costaba todavía menos. Pero hoy noche era demasiado tarde para conseguir acción. Pensaba en los pechos aumentados con cirugía de la página central del último número de Playboy cuando vio otro gamo. O quizá fuera el mismo. Estaban por todas partes en el bosque. Si te topabas con uno, podías estropearte el coche. La imagen se desplazó al aparcamiento. Los vehículos que pertenecían al personal de seguridad estaban en el fondo. Los investigadores científicos obtenían los mejores lugares, más cerca de las barracas, el único edificio visible dentro del complejo.

En otras pantallas se veía el interior. Si uno no conociera lo que estaba mirando, se preguntaría cómo era posible que todas aquellas habitaciones cupieran en dos edificios herrumbrosos. En realidad, en el piso superior sólo estaba el centro de control donde se encontraba sentado, y unas pocas oficinas. La mayor parte de la instalación estaba en Well, el complejo de cuarenta hectáreas ubicado a tres y cuatro pisos por debajo de los campos de soja. A sólo cuarenta y cinco minutos de Washington D.C., había sido construido durante la paranoia de los cincuenta como refugio antibomba para las familias de los senadores y congresistas privilegiados.

Cuando la caseta de guardia revestida de acero apareció en la pantalla, Mark vio a Ken Rota firme debajo las luces fluorescentes, el cuerpo erguido por si los superiores revisaban las cintas. La imagen cambió y Mark vio un cartel que decía:

DETÉNGASE Y MUESTRE LA IDENTIFICACIÓN
AVANCE LENTAMENTE

234

*LA BARRERA DE METAL PUEDE DAÑAR LOS*
*NEUMÁTICOS*
*DEL AUTOMÓVIL*

Observa que la primera parte del texto es una descripción en la que se **presenta** la acción. El último párrafo y el texto en mayúscula, en cambio, es una descripción donde el narrador **observa**.

*Un principio: la **descripción** implica continuidad y duración, las **acciones** generan cambios y transformaciones*

La mezcla entre ellas da pie a varias posibilidades.

- **La descripción introduce la acción**: es la forma más clásica entre descripción y acción. Describe a los personajes y sus movimientos.
- **La descripción depende de la acción**: el caso contrario. De la acción deducimos las descripciones
- **La descripción provoca la acción**: al describir una ambiente, una situación, se desprende la acción.

## e) El suspense

Para lograr una narración con suspense, el autor debe entretejer unos estímulos que despierten y mantengan la curiosidad del lector. Ya hemos aprendido cómo podemos conseguir esto mediante la estructura de la trama (capítulos 2 y 3), pero ¿cómo podemos conseguirlo mediante la narración?

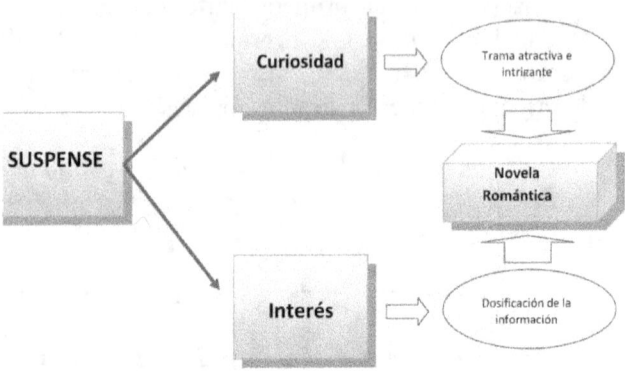

La combinación entre la curiosidad, por un lado, y el interés, por el otro, genera una tensión en el lector que constituye **la clave del suspense**, pues actúa como un resorte que le impulsa a seguir leyendo hasta el final con el fin de satisfacer sus dudas y curiosidad.

## f) Otros elementos narrativos

Otros elementos que nos ayudarán en el proceso narrativo son:

**EL SUMARIO**: es un recurso utilizado para acelerar el ritmo de la novela. Sería una síntesis, una concentración de material narrativo en poco espacio.

Puede ser útil para:

- Cambiar de escena sin romper la acción
- Acelerar el ritmo
- Reubicar al lector

Un ejemplo; después de narrar un diálogo, los personajes cambian de escenario. Podemos usar el sumario para aclarar esto al lector sin romper el ritmo de la escena:

*"Salieron de la casa, tomaron uno de los coches antiguos del garaje, y una hora después estaban en Hasking Manor".*

**LA ELIPSIS**: este recurso también se utiliza para acelerar el ritmo de una novela. Consiste en omitir parte de la historia y se dan indicios que la sugieran. Puede actuar como puente entre dos escenas alejadas en el tiempo. Sería como una especie de flashback hacia adelante. Cuando es explícita, se le suele incluir un anuncio del tipo "un rato después", "al día siguiente", "dos días después", "Pasaron quince años"

Puede ser útil para:

- Acelerar el ritmo de la historia
- Ocultar información que sí hubiéramos tenido que mostrar en una trama lineal.

Un ejemplo: igual que el anterior, pero resolviéndolo con una elipsis:

*"—Nunca más volverás a verla —dijo antes de salir de la casa.*

*Hasking Manor los recibió con el esplendor de las antiguas casas de campo inglesas, con su tupida barrera de hiedra a modo de muralla infranqueable".*

**LA ESCENA**: es la presentación dramatizada de los hechos y nos permite desacelerar el ritmo del relato. Funciona como un capítulo, con un inicio, un desarrollo y un desenlace, y al final de cada una de ellas suele haber un salto de línea que nos advierte de que cambiamos de escena. Este espacio en blanco puede estar marcado también por asteriscos.

Puede ser útil para:

- Introducir cualquier información en la novela.

Un ejemplo: veamos el final de una escena y el principio de otra:

*"—Nunca más volverás a verla —dijo antes de salir de la casa.*

******

*Hasking Manor los recibió con el esplendor de las antiguas casas de campo inglesas, con su tupida barrera de hiedra a modo de muralla infranqueable".*

**LA PAUSA**: es cuando interrumpimos la acción para describir.

Puede ser útil para:

- Desacelerar el ritmo del relato.

Un ejemplo sería:

*"—Nunca más volverás a verla —dijo antes de salir de la casa, pero no estaba seguro. Elena era un objeto precioso y siempre la había codiciado, como a un ave exótica, o a un inexistente trébol de cuatro hojas".*

**LA DIGRESIÓN**: es similar a la pausa, pero puede ser una reflexión que aparta la atención de la acción.

Puede ser útil para:

- Desacelerar, también, el ritmo de la acción
- Introducir otras tramas.

Un ejemplo sería:

*"—Nunca más volverás a verla —dijo antes de salir de la casa. De pequeño no había sido el niño aplicado que todos querían ver. Bastaba con imaginar los deseos de sus padre, para que Allan hiciera exactamente lo contrario".*

**EL FLASHBACK**: es una técnica utilizada en la literatura que altera la secuencia cronológica de la historia, conectando momentos distintos y trasladando la acción al pasado. También se llama *analepsia*.

El flashback es una vuelta repentina y rápida al pasado del personaje. Es diferente al *racconto*, que es también un quiebro en el relato volviendo al pasado, pero este último no es tan repentino y es más pausado en lo que refiere a la velocidad del relato.

El flashback puede sernos útil para:

- Introducir acontecimientos pasados en el grado justo como para que comprendamos acontecimientos presentes.
- Debemos **cuidar especialmente las marcas** ¿qué es esto? Que el lector debe saber en todo momento: Que ha habido un salto temporal, quién lo ha hecho, hacia dónde vamos, y que hemos vuelto al tiempo narrativo general de la novela

Veámoslo con un ejemplo:

*Karen continuó recorriendo aquella casa llena de recuerdos. El aroma de la vainilla la retrotrajo a aquella época feliz de su infancia. Con cuatro años se mudaron allí. Su padre trabajaba en el banco de… […], sí, fue una buena época. Pero ya era una mujer adulta, y aquella casa vacía que recorría ahora era la suma de muchas más cosas.*

Observa que al principio dejamos muy claro al lector **quién** va a hacer el salto temporal (Karen). Inmediatamente después avisamos al lector de que **va a haber un salto temporal** (*El aroma de la vainilla la retrotrajo a aquella época feliz de su infancia).* Lo siguiente es dejar claro al lector **hacia dónde** es el salto temporal (*Con cuatro años se mudaron allí).* Y por último, tras el desarrollo de todo el flashback ([…]), avisamos al lector de **que hemos vuelto,** y la historia continúa (*sí, fue una buena época. Pero ahora ya era una mujer adulta, y aquella casa vacía que recorría ahora era la suma de muchas más cosas).*

**EL FLASHFORWARD**: al igual que el flashback, altera la secuencia cronológica de la historia, conectando momentos distintos, pero en vez de ir hacia el pasado va hacia el futuro.

Suele tener la forma de una **ida repentina y rápida** al futuro de un personaje en una historia. Se asemeja al flashback con la única diferencia que en este último se conectan el pasado y el presente, y aquí es un flash hacia el futuro.

En novela romántica, nos podría ser útil en géneros fantásticos o de ciencia ficción (una visión del futuro, un visitante del futuro, etc.)

**LA PROLEPSIS**: En sentido literario se refiere a un salto hacia adelante en la narración, mediante el cual se adelantan al lector elementos de la trama, de modo que antes de leer la novela ya sabe o al menos intuye cuál va a ser el final. En este sentido la prolepsis requiere una cierta pericia en su manejo, puesto que es difícil mantener el interés del lector cuando ya sabe cuándo va a ser el final.

Uno muy clásico en Novela Romántica es el Detonante (Prefacio) de las novelas de la saga *Crepúsculo*, de Stephenie Meyer. Observa que todas comienzan narrando una parte del Clímax:

*Nunca me había detenido a pensar en cómo iba a morir, aunque me habían sobrado los motivos en los últimos meses, pero no hubiera imaginado algo parecido a esta situación incluso de haberlo intentado.*

*Con la respiración contenida, contemplé fijamente
los ojos oscuros del cazador al otro lado de la gran
habitación. Éste me devolvió la mirada complacido.*

*Seguramente, morir en lugar de otra persona,
alguien a quien se ama, era una buena forma de
acabar. Incluso noble. Eso debería contar algo.*

*Sabía que no afrontaría la muerte ahora de no haber
ido a Forks, pero, aterrada como estaba, no me
arrepentía de esta decisión. Cuando la vida te ofrece un
sueño que supera con creces cualquiera de tus
expectativas, no es razonable lamentarse de su
conclusión.*

*El cazador sonrió de forma amistosa cuando avanzó
con aire despreocupado para matarme*

**ANACRONÍA**: la anacronía es otro elemento narrativo muy utilizado en novela romántica. Se llama así a la alteración del orden cronológico de los sucesos en el relato.

En un texto narrativo, los acontecimientos de una historia pueden ser ordenados en forma cronológica (siguiendo la línea temporal presente-pasado-futuro) o recurriendo a la anacronía (no sigue una secuencia temporal lógica). Por tanto, el tiempo del relato (como presentas los hechos) no necesariamente calza con el tiempo de la historia (como ocurrieron los hechos).

## g) Resumen del capítulo 8

1. Debemos encontrar nuestra propia voz.
2. Las voces narrativas pueden ser infinitas.

3. El diálogo puede ser una de las formas narrativas más creíbles para el lector. Podemos transcribirlo de dos formas, la latina y la anglosajona.
4. Cuando desarrollamos diálogos, debemos tener cuidado con tres cosas: que no sean artificiales, que no sean ambiguos, y que no sean indefinidos.
5. El diálogo puede ser directo o indirecto.
6. La descripción se articula mediante la presentación y la observación.
7. El suspense vive de la curiosidad y del interés.
8. Otros elementos narrativos que podemos usar son el sumario, la elipsis, la pausa, la digresión, el flashback, el flash forward, la prolesis y la anacronía.

## h) Algunos ejercicios para cimentar los conocimientos de este capítulo

### LECTURA

*—Me encantaría ser una reina —manifestó la señorita Josephine Essex a dos de sus hermanas mayores—. Si así fuera, cuando encontrara un hombre adecuado, le ordenaría que se casara conmigo con una licencia especial.*

*—¿Y qué ocurriría si se negara? —preguntó Imogen, también conocida como lady Maitland.*

*—Le separaría la cabeza del cuerpo —respondió Josie con dignidad.*

—*Dado que los hombres apenas hacen uso de sus cabezas* —*intervino Annabel, condesa de Ardmore*—, *no tienes que amenazar con la decapitación, sólo dejar que el caballero crea que ha sido él quien ha tomado la decisión de contraer matrimonio.* —*La joven estaba acurrucada en la cama de Imogen y parecía apenas un poco más que un montón de rizos desordenados que asomaban por debajo de las mantas.*

—*Ése es precisamente el tipo de consejo que necesito.* —*Josie abrió de golpe una libreta y acomodó la manta*—. *Estoy haciendo una lista de las habilidades que se necesitan para obtener éxito en el mercado matrimonial, y como vosotras dos estáis casadas, sois mis mejores fuentes de información.*

—*Yo soy viuda* —*se excusó Imogen*—. *Y no sé nada acerca del mercado matrimonial.* —*Estaba ordenando unas medias de seda y ni siquiera alzó la vista del tocador.*

—*Es esencial saber bailar* —*señaló Annabel*—. *Deberías practicar un poco más, Josie. La otra noche pisaste varias veces a Mayne.*

—*Necesito consejos mejores que ése* —*sugirió Josie*—. *Tú eres la única de nosotras que realmente ha participado en la temporada social, y te has casado con un hombre con título. Mi presentación será este año, lo recuerdas, ¿no?*

*Annabel abrió un ojo.*

—*Sólo porque lo mencionas a cada momento. Dios mío, ¡tengo tanto sueño!*


**El duque domado**, *Eloisa James (Manderley)*


1. Identifica el tono de este fragmento de la novela *El duque domado*, de Eloisa James.

¿Serías capaz de ubicarla en algún subgénero?

2. Observa detenidamente cómo ha plasmado la autora una conversación. Identifica la estructura formal del diálogo (guiones, espacios entre guiones, narrador, etc.) Escribe un breve diálogo donde respetes la escritura formal del diálogo en su forma latina.

3. ¿Crees que la autora consigue en tan pocas líneas ubicarnos a las protagonistas en una clase social y un medio concreto? Si lo crees, di cómo lo consigue (tanto por lo que dice el narrador como por lo que dicen los intervinientes).

4. ¿Es un diálogo directo o indirecto?

5. Toma este fragmento y escríbele una introducción que presente a los personajes y los sitúe en la acción. Utiliza tanto la presentación como la observación.

6. ¿Cuántos sinónimos ha escrito la autora para evitar repetir el verbo "decir"? enuméralos.

7. **Vamos a ver ahora tu novela**. Según el argumento, la trama, los personajes, etc. ¿Qué tono general darás a tu novela?

## 9) PLANIFICAR, DISPONER, ORGANIZAR

### a) Introducción

En este capítulo vamos a trabajar el *cómo*. Sí, porque hasta ahora hemos estado dándole vueltas al *qué*.

En este momento tenemos ya todos los ingredientes necesarios para empezar a escribir nuestra novela. ¿Demasiados? ¿Demasiadas tramas, personajes, escenarios? Ahora debemos planificarlos todos, como un gran mapa de carretera que nos permita llegar a buen puerto.

Porque la novela es como un puzle (símil que ya hemos utilizado a lo largo de los capítulos anteriores) donde cada pieza debe encajar a la perfección.

Planifiquemos.

### b) Preámbulos

Hagamos un recuento de qué tenemos hasta ahora de la novela que vamos a escribir:

- Por un lado sabemos de qué va nuestro argumento. Hemos experimentado con él hasta encontrar la mejor fórmula. Incluso lo hemos ubicado en uno o más subgéneros y conocemos cuáles son sus puntos fuertes y sus puntos débiles.

- Después hemos localizado las tramas principal y romántica (si son subgénero de acción y se sustentan sobre ésta), o somos conscientes de que es difícil separarlas (si son subgéneros de personajes y se sostiene sobre las relaciones entre los personajes)
- La trama ha sido desmenuzada, diseccionada. Hemos creado un detonante, sabemos perfectamente cuáles son los cambios de rumbo y el clímax, conocemos a grandes rasgos el final.
- También hemos decidido que tendremos tramas secundarias. Las hemos descrito aparte, y conocemos de ellas los mismos puntos (detonantes, cambios de rumbo, clímax, finales).
- Sabemos que la tensión en la novela se genera por medio de los impulsos (acción + reacción), por lo que hemos traducido la trama a este código.
- También conocemos a los personajes de nuestra obra, tanto a los protagonistas y antagonistas, como a los personajes secundarios como a los ambiente. Los hemos clasificado según sus funciones y eliminado aquellos que no tienen utilidad en la trama. Incluso hemos hecho varias fichas para conocerlos y controlarlos.
- Sabemos en qué época se desarrolla nuestra obra y durante cuánto tiempo se va a desarrollar (¿un día, una semana, un año, varios, toda una vida?).
- Por supuesto nos hemos documentado, y además lo hemos hecho en la justa medida, sin pérdidas de tiempo y energía.

- Y por último hemos podido conocer qué elementos narrativos vamos a utilizar.

Veamos ahora qué necesidades extra literarias tenemos

- **Un espacio propio**: ya lo hablamos en el capítulo 1. Necesitamos un espacio personal donde poder trabajar. Porque como un trabajo debemos entenderlo. Por supuesto somos conscientes de que no todos y todas tenemos la posibilidad de tener una habitación privada, pero al menos sí un rincón, una mesa o un trozo de mesa que sea solo nuestro, donde nadie toque, donde podamos dejar un montón de libros, de esquemas, de fichas, de papeles, de bolígrafos, de recortes... y que continuarán en el mismo lugar al día siguiente.

- **Introducirse en un mundo**: ya lo hacía Stendhal; cuando escribió su maravillosa *La cartuja de Parma*, decía que cada mañana, antes de ponerse a escribir, tenía que leer varios párrafos del Código Civil, para impregnarse de su estilo aséptico y poco florido, ya que eso era lo que perseguía con la obra. Conozco a escritores que durante el proceso narrativo solo admiten a su alrededor referencias de aquello que narran. Si por ejemplo están escribiendo una novela ambientada en 1700, solo leen o novelas de esa época o ambientadas en esa época o ensayos sobre ese siglo. Escuchan música producida en la centuria, etc. Sí, quizá un poco excéntrico, pero funciona. Después de ver *La matanza de Texas*, es difícil encontrar el tono adecuado para escribir una novela *Regencia*. Después de leer a Mary Jo Putney no tendrás problema, aunque se te puede pegar su estilo.

- **Continuidad**: durante el proceso de narración debes ser constante, ya que aun teniendo planificada la trama como veremos ahora, puedes perder el tono, o dejar cabos sueltos, o.... intenta planificarte. Escribe todos los días, o cinco días a la semana. Hazlo siempre a la misma hora. Termina a la misma hora. Conviértelo en un hábito.
- **Trabajar por objetivos**: eso hará más fácil y llevadera tu tarea. Un objetivo puede ser la extensión; si has decidido que tu novela tenga 300 páginas, puedes ponerte como objetivo escribir 3 al día, por lo que tardarás 100 días de trabajo (ya tienes una fecha para terminar), si escribes 5 al día, tardarás 60 días, y si escribes 10, 30 días.
- **No corregir**: no corregir durante el proceso de narración. ¿Y por qué? Porque nunca avanzaremos. Una buena técnica es empezar cada día leyendo y corrigiendo lo que se escribió el día anterior, para después continuar con la tarea del día. Con esto se consigue corregir y avanzar. Pero no se debe corregir más en esta fase. Cuando terminemos la obra, entonces. Y entonces a fondo y con técnica.
- **Descansa**: si has decidido que vas a escribir 3 horas al día, incluye también descansos. Diez minutos cada media hora está muy bien. Esto te ayudará a concentrarte y a no perder la perspectiva.

- **Sé consciente del dolor**: sí, porque el proceso narrativo es doloroso. Constantemente te saltarán dudas de si lo estás haciendo bien, de que tu obra no vale nada, que estás yendo por donde no quieres, que te quedas en blanco, que..., sé consciente de que esto le pasa **a todos y cada uno de los escritores de este planeta**, tanto a los vivos como a los difuntos, así que adelante; forma parte de nuestra profesión, es ese plus de peligrosidad que no podemos evitar.

Ya lo tenemos todo preparado. Ahora planifiquemos en varios pasos.

## c) Paso uno

Hasta ahora hemos diferenciado en aquellos subgéneros donde es posible separar la trama principal de la romántica. Pues bien, ahora vamos a imaginarnos nuestra historia al completo, con las dos tramas entrelazadas.

¿Cómo lo haremos? Ahora es el momento de redactar el que llamaremos **Argumento Base** (la unión de ambas tramas). **NO ESTAMOS REDACTANDO LA NOVELA**, simplemente redactando el argumento. Es como si contáramos un cuento ¿Qué sucede en la obra? Ahora sí podemos ser tan detallistas como queramos, aunque tendremos que seguir una serie de pautas:

- Lo escribiremos por escenas.

- Dejaremos un espacio en blanco entre escena y escena
- Identificaremos por su nombre cada una de sus partes.
- Tendremos cuidado de que cada escena quede completa en el folio, no se corte.

Veamos el resultado con el ejemplo de nuestro ARGUMENTO 3. Hemos hecho una versión resumida para que lo veas.

### *ARGUMENTO 3:*
### *TRAMA PRINCIPAL Y ROMÁNTICA*

*DETONANTE: un enorme ejército avanza por las ardientes arenas del desierto. Llegan a un poblado y pasan a la población a cuchillo. Neith no quiere abandonar a su padre enfermo, pero los soldados avanzan por la calle, entrando en las casas y matando a sus ocupantes. Su padre le hace prometer que siempre atenderá a los necesitados. En un descuido de Neith, el anciano se quita la vida para que su hija pueda huir sin remordimientos. Ella escapa en el último momento.*

*# El visir alerta al faraón de que fuera espera un emisario del ejército enemigo. Se reúnen con él, les entrega un papiro con la declaración de guerra y les exige la rendición sin condiciones. El visir saca la espada para matar al emisario. El faraón se lo impide, le manda un mensaje para su jefe, es una sola palabra; "nunca", y le permite marchar. El faraón pierde el conocimiento y cae pesadamente al suelo.*

*# Un pelotón de soldado entran en casa de Neith mientras ella atiende a una anciana. La obligan a acompañarlos. Ella protesta. Es obligada a ir con ellos.*

*# Neith es encerrada en un harem. Se siente desdichada, rodeada de mujeres frívolas que solo se preocupan de su aspecto. No sabe qué hace allí. Una de sus compañeras le dice que la han llevado para satisfacer el exigente apetito sexual del faraón.*

*1° CAMBIO DE RUMBO: Neith es despertada de madrugada. La obligan a ponerse unos exóticos ropajes y la conducen a través del impresionante palacio. Ella está aterrada, y a la vez indignada, pues supone que tendrá que entregarse al déspota. Sin embargo la introducen en una sala, donde el faraón apenas le presta atención. Solo le dice que debe curarlo, y que al no apreciarse síntomas evidentes, debe convertirse en su sombra. Tiene una luna para sanarlo. ¿Es una amenaza?*

*# Neith se entera de que el harén no es del actual faraón, sino de su padre. La única prometida del actual faraón es una princesa de Siria que ha llegado a palacio hace una luna.*

*# Neith descubre que no es una maldición lo que aqueja al faraón, sino que el mensaje que le enviaron estaba escrito en papiro envenenado. Fabrica el antídoto y lo administra al faraón. Debe tomarlo cada pocas horas. El faraón insiste en que sea ella quien lo administre y que permanezca a su lado. Quiere que sea su sombra.*

*# Llegan malas noticias. El ejército enemigo está cerca, y las tropas del sur aún no han llegado para*

*defender la capital, a pesar de estar solo a una jornada de camino. Neith presencia la reunión entre el faraón y el visir, ante las burlas de este último. Cuando el visir se marcha, se atreve a intervenir, diciendo que no le gusta ese hombre. El faraón no le presta atención, y le dice que cumpla simplemente con su trabajo.*

*# Neith está furiosa con el faraón. Sin embargo ha descubierto que siente algo por él. Algo que debe olvidar, ya que el rey es un dios, y ella una simple sanadora.*

*# El faraón la manda a llamar. Ha tenido una recaída. Neith se pregunta qué marcha mal. Entre delirios, el faraón la llama. Ella se acerca. Él la besa. Debe ser a causa de la fiebre.*

*# Mientras recoge plantas sanadoras, se da cuenta de que la cosecha de amapolas ya ha sido recogida. Lo comenta con el jardinero, que le confirma que ha sido segada por orden de la princesa siria. Neith comprende que el faraón está siendo envenenado con semillas de amapolas.*

*# Neith lo cuenta al faraón. Éste hace llamar a la princesa siria, que lo niega. Se hace valer como hija de rey para alejar sus sospechas. El faraón pide a Neith que estreche su cuidado con él, que lo vigile más de cerca, es de la única de quien se fía.*

*# En el Nilo, en una barca mientras el faraón pesca. Neith y el faraón. Él no tiene nada del hombre majestuoso de la corte; ahora es simplemente un hombre feliz. Están solos los dos. Hablan sobre el peso y la responsabilidad del poder. Se besan.*

*2° CAMBIO DE RUMBO: El visir se reúne con un enemigo en el templo, y le dice que el ejército del sur ni siquiera ha sido avisado. En unos días la capital caerá. Un anciano indigente lo presencia todo.*

*# El ejército enemigo llega a las puertas de la ciudad y empieza la batalla. El faraón le dice a Neith que se queda a salvo en el harem, y si algo falla, que escape de palacio y se diluya entre los pobres. O que se quite la vida si temiera que no puede escapar. Le declara su amor. Ella se niega y acude al campamento, a curar a los heridos.*

*# Uno de los heridos, un anciano indigente, le cuenta a Neirh lo reunión que presenció entre el visir y el emisario enemigo.*

*# Neith lo cuenta al faraón, mientras éste lucha en las murallas. Poco pueden hacer. Mandan a un joven soldado para que avise al ejército del sur, que no sabe nada de la situación de la capital ni de la invasión. Solo podrán resistir dos días, a lo sumo. Si el joven no vuelve con el ejército, están perdidos.*

*CLÍMAX: batalla dentro de palacio. Neith intenta proteger a las mujeres del harem, conduciéndolas a los sótanos y dándole instrucciones para escapar. Cuando están a salvo acude junto al faraón; prefiere morir a su lado que vivir sin él. Hay una gran lucha. Cuando están a punto de matarlos, los invasores huyen. El ejército del sur ha llegado y están contraatacando.*

*FIN: una barca en el río. Neith y el faraón pescan mientras hacen planes de futuro.*

Observa como identificamos la trama en el título. Cómo dividimos el argumento en escenas (acciones) que comienzan con un becuadro por ejemplo (#). Cómo identificamos cada uno de las escenas de mayor tensión (detonante, cambios de rumbo, etc.) Cómo dejamos un salto de línea entre casa escena. También tendremos cuidado de que, al imprimir, cada escena esté completa, no se corte entre dos folios.

## d) Paso dos

¿Recuerdas cuando dijimos que las tramas secundarias deben funcionar bien por sí solas? Pues ahora es el momento de demostrarlo. En un nuevo documento, debemos desarrollar cada una de las tramas secundarias. Seguiremos **los mismos pasos que con el Argumento Base**; reseñar cada una de sus partes, dejar espacios entre las escenas y no cortarlas. Aquí te muestro dos tramas secundarias a modo de ejemplo.

*1° TRAMA SECUDARIA*
*LA PRINCESA SIRIA*

*DETONATE: La princesa siria le dice a Neith que está en el harem para convertirse en una amante más de faraón; porque será ella su esposa oficial. Neith la manda a callar. La princesa le jura odio eterno.*

*# Cuando Neith entra en sus aposentos, encuentra sus escasas pertenencias destrozadas, sus frascos rotos, todo destruido. Acude ante la princesa, que se burla de ella y le dice que es poco más que una esclava.*

*1° CAMBIO DE RUMBO: La princesa se da cuenta de la especial atención que el faraón tiene con Neith. El visir también se percata de la mirada de odio que se refleja en el rostro de la princesa.*

*# El visir visita a la princesa. Es obsequioso y la trata como a una gran reina. Le dice que su futuro como reina peligra, pero que tiene un plan para salvarlo.*

*2° CAMBIO DE RUMBO mientras el enemigo toma el palacio, la princesa se niega a que Neith la salve. Neith se lo pide por favor, hablándole con el corazón. Accede y comprende que no puede odiar a esa mujer.*

*CLÍMAX: La princesa ayuda a Neith y a las demás mujeres a escapar.*

*FIN: La princesa vuelve a Siria, donde su padre le ha concertado un matrimonio con un poderoso rey del norte. Vuelve a ser la mujer altiva de antes, pero gran amiga de Neith*

Probemos con la segunda trama secundaria.

## 2° TRAMA SECUDARIA
## LA EPIDEMIA

*DETONANTE: Neith atiende en secreto a una de las esclavas de palacio. Descubre que tiene una enfermedad contagiosa.*

# Neith acude a la Casa del Vida. Se entrevista con el sumo sacerdote, que la trata con desdén y temor, por ser la sanadora del faraón. Éste le confirma que hay una epidemia.

*CAMBIO DE RUMBO: Neith se lo cuenta al faraón. Este en un principio solo piensa en su ejército. Al ver la mirada de Neith comprende la gravedad de la situación. Manda que todos los templos acojan a los enfermos y que parte del escaso ejército ayude a la población. Se toman medidas higiénicas a propuesta de Neith y en contra de la sabiduría de los sacerdotes*

*CLÍMAX: Un anciano consigue pasar del tercer día. Se ha curado*

*FIN: La epidemia desaparece. Están a salvo.*

Date cuenta que cumplimos exactamente los mismos criterios que cuando hemos transcrito el argumento base. Como ves en este segundo ejemplo, prescindimos de algunos puntos de tensión ya que es un argumento secundario.

## e) Paso tres

Ahora vamos a empezar con el verdadero **trabajo de campo**, que como verás tiene mucho de manualidades. **Lo primero imprimirlo todo en papel**. Nos ocuparán tantos folios como extensos sean los argumentos.

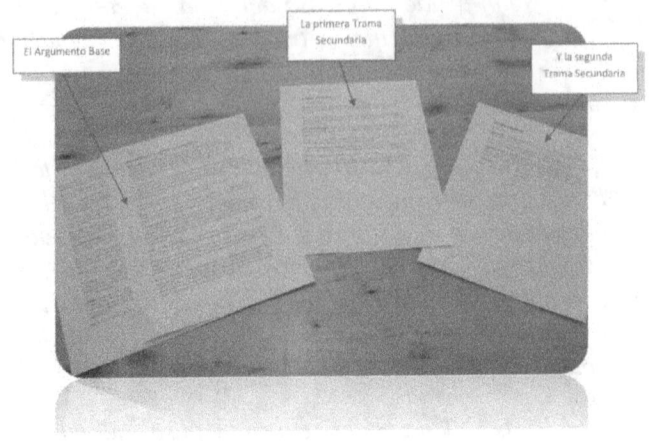

## f) Paso cuatro

Ahora vamos a enumerar cada una de las escenas de la trama. Para ellos utilizaremos rotuladores de colores. Vincularemos un color único y bien diferenciado al **Argumento Básico**, otro a la **1º Trama Secundaria**, y otro distinto a la **2ª Trama Secundaria**. Por ejemplo, Verde, Rosa, y Azul, en ese orden

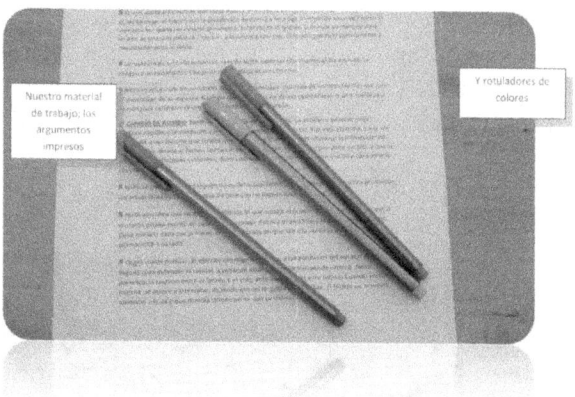

Vamos a enumerar cada una de las escenas. Las escenas del Argumento Básico las enumeraremos en un color. Las de las tramas secundarias, también cada una en un color. Veámoslo.

## g) Paso cinco

Ahora vamos a recortar el Argumento Base, escenas por escena, y las volveremos a montar sobre nuestra mesa de trabajo.

Después volvemos a montarlo sobre la mesa, respetando la numeración. Recortaremos las tramas secundarias de la misma manera, y también las disponemos sobre la mesa, al lado del Argumento Base.

## h) Paso seis

Y ahora llegamos al punto más delicado. Debemos introducir las tramas secundarias **DENTRO** del Argumento base. ¿Cómo lo hacemos? Posiblemente ya tengamos una idea, pero la mejor forma es probando ¿Dónde encaja el detonante de la 1ª Trama Secundaria? ¿Dónde el Cambio de Rumbo de la 2ª? Empecemos a probar.

Observa que según avances te surgirán nuevas dudas. Incluso te verás en la necesidad de crear nuevas escenas. ¿Cómo quedaría el detonante de la 2° TS entre las escenas 5 y 6 del Argumento Base? Lo mismo hacemos con la 2ª Trama Secundaria ¿Qué tal queda su cambio de rumbo entre las escenas 13 y 14 del Argumento Base?

Lo normal es que los finales siempre queden agrupados, uno detrás de otro, posiblemente superpuestos en una sola escena. El final del Argumento Base es normalmente el último. Tras el final puede venir un Epílogo. Se utilizará para aclarar puntos sueltos o para dar paso a una segunda entrega o a una saga.

## i) Paso siete

Leer, combinar, añadir, quitar, leer de nuevo. Sí. Ahora nos toca leer la composición que vemos sobre la mesa. ¿Es lo que esperábamos? ¿Le falta o sobra algo? ¿Quedaría mejor esta escena en otro lugar?

## j) Paso ocho

Cuando hemos quedado satisfechos con el resultado, debemos fijarlo, o lo que es lo mismo, pegarlo. Os recomiendo hacerlo sobre una subcarpeta de cartulina, que se puede después guardar cómodamente y quedarán nuestros recortes protegidos. También podéis usar una cartulina doblada. Usad tantas subcarpetas o cartulinas como te sean necesarias, numerándolas en la portada; 1, 2, 3,…

## k) Paso nueve

Ahora sí. Ya tenemos nuestro mapa trazado. Un mapa que nos ha costado semanas de trabajo y al que hemos llegado usando nuestra brújula interior.

Ahora solo tenemos que narrar siguiendo el camino que nos muestra.

Empecemos, por ejemplo, por el detonante de nuestra novela. Pero observa que al tenerlo completamente trazado podemos comenzar por cualquier punto, cualquier escena.

*TRUCO: ahora, tenemos al fin una perspectiva completa de la novela que vamos a escribir, es un buen momento para plantearnos si el detonante que hemos elegido es el más adecuado.*

## l) ¿Cómo escribir un Best Seller?

El *best seller*, tal y como lo entendemos, es una novela con una gran capacidad de ventas, o lo que es lo mismo, que querrá ser comprada por el mayor número de lectores.

La novela romántica, por su propia idiosincrasia, tiene esta tipología, por lo que es interesante conocer los ingredientes que suelen compartir este tipo de novelas.

- **El Tema**: debe ser impactante. Imagínate el tema de *El Códico Da Vinci* (la descendencia de Cristo). O de la saga

*Crepúsculo* (los vampiros viven entre nosotros incluso de día).

- **El escenario**: debe ser deslumbrante. Fíjate en el escenario de *Parque Jurásico* (la fabulosa Isla Nublar), o en el *Alma* (el París revolucionario)
- **La Intriga**: debe ser la constante a lo largo de toda la obra, con una delicadísima estructura de impulsos (acción + reacción)
- **Los personajes**: suelen ser físicamente atractivos, emprendedores, dramáticos, inteligentes y ligeramente imperfectos.
- **El antagonista**: debe existir y estar claramente identificable.

¿Cómo nos posicionamos como escritores ante el *best seller*?

- Debemos escribir pensando en el lector, en cómo reaccionará cuando nos lea.
- Huir de los puntos de vista complicados, ya que pueden ralentizar la acción.
- Huir de un lenguaje adornado, por la misma razón.
- Poner en grave peligro la vida de los protagonistas.
- Debe ser rica en tramas secundarias interesantes.

## FABRICACIÓN DE BEST SELLER

Al igual que los pintores trabajan con un taller, los creadores de *best seller* también suelen hacerlo, de manera que el escritor cuenta con un equipo amplio y muy especializado que trabajará en diferentes partes de la novela. Habitualmente esta es la estructura del equipo.

| EL AUTOR | EL QUIPO |
|---|---|
| • Plantea la totalidad de la obra y organiza el trabajo del equipo. <br> • Dirige el trabajo de cada parte del equipo y valida sus conclusiones. <br> • Es el responsable de los puntos esenciales, como el detonante, los cambios de rumbo, el clímax o el final. <br> • Firma el trabajo. | • Se encarga de la documentación <br> • Redactan aquellas partes del texto que no son trascendentes. <br> • Actúan siempre bajo la dirección del autor <br> • No firman el trabajo. |

## m) Resumen del capítulo 9

1. Antes de nada debemos hacer una relación del material elaborado
2. Tenemos que buscar un lugar propio, rodearnos de elementos que centren, conseguir continuidad, no es aconsejable corregir continuamente y sí ponerse metas.
3. Después debemos seguir **los 9 pasos de la planificación** que hemos mostrado en este capítulo.
4. Por último, debemos de saber que un *best seller* puede ser una casualidad editorial, pero existen elementos en común entre ellos.

# n) Algunos ejercicios para cimentar los conocimientos de este capítulo

## LECTURA

*Para aquellos que todavía no me conozcan, mi nombre es Condesa Lilliana Arabella Guinevere du Marchette (sí, va en serio), Lil para los amigos.*

*Lo que quería decir es: ¿en qué estaban pensando mis padres? Ya es lo bastante duro ser una vampiresa de quinientos años soltera y sin trabajo en los tiempos que corren, sin necesidad de tener que soportar toda esa presuntuosa parafernalia de la realeza francesa y llevar un rancio y patético nombre que ni tan siquiera cabe en las casillas de solicitud de una tarjeta Visa. Una cruz más con la que cargar (¡uy!, que mal he elegido la palabra. Mea culpa).*

*Digamos que la vida es dura para cualquier mujer, y la muerte no es mucho mejor. Todavía se espera de nosotras que actuemos de acuerdo con la imagen de una Barbie nocturna —cuerpo perfecto, peinado perfecto, vestuario perfecto, incisivos perfectos— y que procreemos, cacemos para nuestra familia y luego tengamos cuidado de que la pequeña Morticia no pinte en las paredes y de que el bebé Vlad no se trague los ojos de su muñeco del Conde Drácula. Pues sí, es estresante.*

*Lo dejo para la típica vampiresa entregada. Por mi parte, yo no he tenido una cita decente en los últimos cien años, y mucho menos he encontrado a mi Conde Adecuado, así que mi vida es bastante sencilla. Fíjense en que digo «sencilla» y no solitaria. Porque no estoy, y subrayo el no, sola.*

*Soy una vampiresa soltera, atractiva, triunfadora, con mucho estilo para los complementos, un buen*

*puñado de amigos súperdulces —literalmente— y un*
*carísimo terapeuta. No hace falta decir más.*

**Citas en el más allá**, *Kimberly Raye*
*(Nabla Ediciones)*

1. ¿Paranormal con un toque de chick lit, o chick lit con visos de paranormal? Da igual, el caso es que Raye ha encontrado un hueco único en la narrativa romántica. Lee este texto, interiorízalo, y dentro de unos diez minutos y sin mirar el original, presenta a la condesa Lilliana Arabella Guinevere du Marchette, pero en tercera persona y con tu propia voz.

2. **Haz una planificación completa de tu novela**; escribe los argumentos, márcalos con rotulador, recórtalos, juega interrelacionando las diferentes tramas, y pégalos en cartulina o subcarpetas.

## 10) EL FINAL

### a) Introducción

Vamos a conocer en este capítulo información relativa a cómo diseñar el final de nuestra novela.

Sabemos por nuestro trabajo anterior, que toda la tensión se resuelve (se relaja) en el clímax. **¿Qué debe suceder entonces después del clímax?** La respuesta a eso es la explicación de qué es un final.

En la novela romántica el final está **condicionado por la positividad**. ¿Esto quiere decir que no podemos terminar nuestra novela con la muerte de uno de nuestros protagonistas, o con una historia de desamor?

Por supuesto que sí. Podemos terminar la historia como lo deseemos, pero en el género que hemos elegido es imprescindible que los lectores se sientan satisfechos. A pesar de que muera uno de los protagonistas. A pesar de que termine con un desamor. Eso es un reto, un reto que te corresponde a ti asumir.

### b) El final en la novela romántica

El final es el espacio que queda **entre el desenlace del clímax y la palabra FIN**.

En la novela romántica debe cumplir una serie de requisitos:

- Debemos ser conscientes de que su función es cerrar un círculo completo (la novela) y dejar una sensación positiva en el lector.
- Debemos responder a todos las dudas que puedan quedar sin respuesta después del clímax, como por ejemplo el final de todas las ramas secundarias que aún no se hayan resuelto.
- Debe ser eficaz; esto significa que debe causar el mejor impacto con la mínima extensión.
- Al no haber ya tramas que lo sostengan, insistimos, debemos centrarnos en sus facetas de resolución y positividad.
- No se debe usar para introducir nuevas tramas, ni futuras segundas partes, ni apuntar sagas venideras, pues le hace perder efectividad.

El final debe ser coherente con el subgénero donde lo ubicamos, veámoslo con un ejemplo:

| REGENCIA | PARANORMAL | CHICK LIT |
|---|---|---|
| El subgénero Regencia trata habitualmente sobre la necesidad de contraer matrimonio debido a la escasez de salidas de una mujer en la época y clase social. | El subgénero Paranormal nos introduce en un mundo de sombras alejado de valores religiosos, por lo que un final con boda (al menos tradicional) queda fuera de lugar. | El subgénero CHICK LIT nos muestra a una heroína *single* que sabe disfrutar de su independencia. Le gusta encontrar su complemento pero sin necesidad de atarse. |
| *FINAL NATURAL* | *FINAL NATURAL* | *FINAL NATURAL* |
| Boda | Viven juntos | Se quedan juntos |
| *OTROS FINALES* | *OTROS FINALES* | *OTROS FINALES* |

| Fuga, cualquier otro | Cualquier otro | Viven juntos, cualquier otro |
|---|---|---|

El final debe ser fuerte, directo, y tiene que dar una resolución definitiva a la historia principal. Los finales ambiguos no funcionan bien en narrativa romántica porque violan en principio de positividad del que venimos hablando.

*TRUCO: Si tienes varios finales y no sabes cuál elegir, escríbelos todos y dalos a leer a tus conocidos. Acepta las críticas.*

**CONDICIONES DE UN BUEN FINAL:**

- **Debe ser coherente**. Ya lo hemos visto antes con el ejemplo de los subgéneros, pero debe llegar más allá. Si durante toda la novela estamos vaticinando un matrimonio, al final debe haber un matrimonio o algo que lo sustituya con el mismo o mayor valor. A eso se llama cumplir las expectativas que hemos generado en el lector.
- **Debe ser significativo**: los finales deben funcionar como una unidad aparte de la novela. Es la resolución de todo, el fin de todo, la llegada de la paz.
- **Debe repercutir en el lector**: un buen final debe arrancarnos una sonrisa, o una lágrima, o un pellizco. Por eso debe ser certero como una flecha, breve y conciso, con el lenguaje muy cuidado.

271

- **Debe actuar en dos frentes**: en el intelectual, respondiéndonos a las respuestas que nos quedan por conocer; y en el sentimental, arrancando sensaciones al lector.

## ALGUNOS FINALES HABITUALES EN LA NOVELA ROMÁNTICA:

- **SUSPENSE ROMÁNTICO**: En el final debe explicarse lo que aún queda irresuelto del enigma, normalmente mediante diálogos escuetos y precisos. Suele haber ironía.
- **FANTÁSTICA**: debe convencer al lector de que lo que hemos leído a lo largo de la novela, es cierto.
- **SENTIMENTAL**: debe conmover. El lector debe terminar con la sensación de que algo hermoso ha sucedido. Piensa en la reacción que tuviste cuando leíste o fuiste a ver *Los puentes de Madisson County*.
- **PARANORMAL**: en la novela paranormal el final puede tener dos vertientes diferentes. Por un lado puede tranquilizar, eliminando cualquier viso de oscuridad, y por otro puede inquietar, cosa que se suele hacer en el epílogo más que en final. Lo vemos unas páginas más adelante.

*El final puede ser una acción, un diálogo o una apertura hacia otra situación.*

## TIPOS DE FINALES

Hay dos tipos básicos de final; el **final cerrado** y el **final abierto**.

- **FINAL CERRADO**: es cuando el autor deja claras todas las incógnitas, de manera que el lector no tiene que interpretar nada. No hay más opción. Eso es lo que sucede. No deja lugar a la duda.

Un ejemplo de final cerrado suele ser *la boda*. En nuestro subconsciente subyace la idea de que una boda es para toda la vida, aceptamos que nuestros protagonistas no se separarán jamás. Este es el final de los cuentos, de la narrativa clásica, donde todo es explicado y aclarado.

Un ejemplo puede ser el final de *Orgullo y prejuicio*, de Jane Austen. La autora termina la novela con la boda de la protagonista, Lizzy, y de su hermana preferida, Jane. Dedicará el último capítulo a repasar una a una las tramas secundarias y a contarnos qué va a suceder en el futuro de cada una. Es una obra que, si no la has leído, no debes dejar de hacerlo.

- **FINAL ABIERTO**: el autor apunta las claves del final, y es el lector el que llega a sus propias conclusiones, pudiendo ser éstas incluso contradictorias. Es un final que aparece más tarde en la novela.

En novela romántica, hay que dominar muy bien las expectativas del lector para conseguir escribir un final abierto que a la vez sea positivo. Veámoslo con el final de la novela *Alma*, de Bel Frances.

*—Pero, madame, es demasiado.*

273

—Acéptalo. Lo mereces de sobra por haberme soportado todo este tiempo.

La doncella se guardó la bolsa de monedas y rompió a llorar.

—Necesito que me hagas un último servicio. Ve a Estocolmo y entrega esta carta al mariscal Bernadotte.

Sacó de su sencillo vestido de algodón un sobre perfumado con lavanda.

—Su esposa es una buena mujer. Te admitirá como doncella, si tú lo deseas. —dijo Alma.

La muchacha se secó las lágrimas y asintió.

El coche aguardaba en la puerta.

Era una carroza pequeña y ligera.

—¿Solo este equipaje, señora? —preguntó extrañado el cochero.

—Es más de lo que necesito.

Subió al coche sin ayuda y el chofer se sentó en el pescante.

La doncella lloraba sin parar.

—No os olvidaré, señora.

—Ni yo a ti. No pienso olvidar las cosas buenas de mi vida.

El cochero se impacientó.

—¿Adónde vamos señora?

—A Wissant. A recoger a mi hijo.

—Eso está cerca de Calais ¿Verdad? ¿Iremos después al puerto para embarcar hacia Estocolmo?

Los ojos de Alma estaban luminosos y su rostro relajado como hacía mucho tiempo.

—Después iremos al sur, en busca de su padre. Él no lo sabe, pero nos está esperando.

El cochero la miró sorprendido, pero al ver el rostro de su señora no pudo dejar de sonreír.

—De acuerdo, madame —y se volvió hacia el tiro— ¡Arre caballo!.

*El sol brillaba y el carruaje partió tranquilamente.*
*No había prisas.*
*Le quedaba el resto de la vida para disfrutar de*
*Bertrand.*

Es un círculo perfecto. Después del esplendor, la protagonista retoma su esencia de mujer sencilla y parte en busca de su amor, pero la autora en ningún momento nos dice que los amantes se vayan a encontrar. de hecho, sabemos que Bertrand no la espera. ¿Qué sucederá? ¿Seguirá amándola? ¿La habrá olvidado? Esto es un **final abierto positivo**; deja libre la interpretación pero transmite una sensación amable al lector.

## c) Epílogos, sagas y segundas partes

La novela ya ha terminado. Sin embargo, como escritora es posible que aún te queden cosas que decir, que apuntar, que aprovechar de los personajes, los escenarios o la trama.

Para **ello tenernos tres recursos que irán después del final**. Uno de ellos estará incluido en la novela, como unas páginas más al final del texto. Los otros dos son unidades independientes, nuevas obras completas que beben de ésta.

### EPÍLOGO

Vamos a ver cómo lo define la Real Academia de la Lengua: *Última parte de algunas obras, desligada en cierto modo de las anteriores, y en la cual se representa una acción o se refieren sucesos que son consecuencia de la acción principal o están relacionados con ella.*

Efectivamente. El epílogo, que siempre es breve, es una herramienta que nos permite:

- **Apuntar una nueva trama que desarrollaremos en futuras novelas**: acuérdate del cine de terror, donde aparece de nuevo el asesino dándonos un susto al final y preparando la siguiente entrega.
- **Cerrar algunas tramas**: que se han podido quedar abiertas, pero que si lo hubiéramos hecho en el final, este hubiera perdido su efectividad.
- **Darnos una nueva versión de los hechos**: útil sobre todo en los géneros de misterio. Desdice el final, por ejemplo, cuando creemos que todo está resulto aparece un nuevo elemento que deja el final abierto.
- **Darnos una perspectiva de los que ha sucedido tiempo después**: nos permite ver a los protagonistas tiempo después y acentuar así la sensación de final positivo.

## SAGAS

La saga es una continuación de la obra en otro libro, pero con pocos puntos en común. Es muy habitual en la novela romántica.

Debemos de tener siempre en cuenta que el final es el principio de otra cosa, y el principio no es otra cosa que un final, de ahí el nacimiento de las Sagas.

La técnica que se utiliza habitualmente es la de **crear una nueva novela a partir de alguno de los personajes secundarios**, aunque también se puede hacer a partir de un escenario.

**Ventajas**:

- Aprovechar la documentación; solo necesitamos volver a documentarnos en asuntos puntuales.
- Aprovechar el éxito de la primera entrega.
- Ahorramos explicaciones, ya que muchas de ellas quedan recogidas en entregas anteriores o serán atendidas en entregas posteriores.
- Si introducimos personajes de novelas anteriores y de la misma saga, suele dar un efecto muy positivo en el lector, que confirma cómo va funcionando ese final positivo que tanto le gustó.

**Inconvenientes**:

- Si no se buscan tramas muy diferentes, el lector puede quedar con la sensación de que se repite la historia.
- Partimos de una inevitable comparación.
- Si no conseguimos publicarlas en orden (que suele ser lo habitual), el lector puede no entender la totalidad de la obra.
- Es frecuente que den al lector (sobre todo si no sabe que pertenece a una saga) la sensación de cabos sueltos, por su peculiaridad de dosificar la información general durante toda la serie.

**SEGUNDAS PARTES**:

La segunda parte también es la **continuidad de una novela en otro libro**, pero con la diferencia de que lo que continúa es la vida de los protagonistas.

Se está convirtiendo en un recurso muy habitual en novela romántica, aunque en cada nueva entrega hay que introducir un nuevo conflicto en la relación de pareja o un nuevo desafío. Si no es así es difícil que funcione. Un ejemplo de segundas partes es la mal llamada "Saga Crepúsculo". Observa que cada entrega tiene como protagonistas a Edward y Bella, y que son los diferentes conflictos que amenazan la continuidad de la relación los que hacen distintos cada libro de la *saga*.

## d) Ejemplos de finales

Para terminar el capítulo, vamos a ver ejemplos de finales.

*Tim observaba al joven duque bajar el resto de la escalera con su abuela en brazos. Se dio cuenta de que le flaqueaban las piernas y que necesitaba sentarse. Ella seguía llorando, pero no tan fuerte. Tim. Se secón los ojos y se sonó la nariz. El joven duque la llevó por el sendero de grava, hundiendo sus tacones en las piedras, pero al pasar por la rosaleda, se detuvo y cortó una rosa del jardín, una rosa roja, oscura, fresca y lozana, con muchos pétalos, y se la ofreció. La duquesa se la llevó al pecho y se echó a llorar desconsoladamente. Era una rosa del duque de Tamworth. Pero Tim no podía saberlo. Solo lo sabía Tony y la duquesa.*

Aquí tenemos un final magistral diseñado para impactar directamente sobre los sentimientos. Veamos qué recursos ha empleado.

- **Joven/abuela**: utiliza un recurso emocional; el joven duque cargando con su desvalida abuela.
- **Contraposición**: utiliza una rosa joven, fresca, lozana, como símbolo entre la relación de los personajes.
- **Secreto**: nos habla de algo que une a dos personas, algo que solo ellos saben.

*Así, entre aclamaciones y al son de la música, abandonaron la escalera de Whitehall: María y Guillermo y, en algún lugar, entre el séquito, Elisabeth Villiers.*

*Elisabeth y Guillermo se habían visto; habían intercambiado una mirada y Elisabeth estaba satisfecha.*

*María no pensaba en Elisabeth, después de desembarcar. Se había reunido con Guillermo. Estarían juntos hasta que la muerte los separase.*

*Les esperaba una gran tarea que les uniría más.*

*María dejaría de escuchar las coplas acerca de hijas ingratas; no se preocuparía por la presencia de Elisabeth Villiers.*

*Tañían las campanas. El pueblo gritaba: "¡Larga vida a Guillermo y María!"*

*Había empezado un nuevo reinado.*

Otro final realmente interesante. Logra la positividad aun estando el protagonista casándose con otra mujer. Veamos los recursos de la autora:

- Apunta a la mirada cómplice. Esto nos basta para saber que todo se mantiene intacto entre los dos.
- Nos deja claro que a la "otra" no le importa su relación.
- Termina con frases cortas, impactantes, casi podemos verlo; el pueblo grita salves mientras redoblan las campanas.
- Termina con un principio. Me explico. Termina con algo que comienza, por lo que el círculo está perfectamente cerrado.

—*La última vez que dijiste eso sumiste mi vida en un caos... llamado Paul.*

—*A partir de ahora yo misma sumiré tu vida en un caos. Supongo que debería guardar los pantalones de lamé dorado de recuerdo —añadió suavemente, y se durmió mientras yo le miraba y me preguntaba cómo había podido suceder todo eso. Sabía que nunca lo entendería el todo. No podía evitar preguntarme si lo ocurrido era fruto de mi imaginación. Me costaba creer que hubiera sucedido de verdad.*

—*Te amo, Steph. Y ahora estoy aquí —murmuró, mientras se dormía entre mis brazos y yo me dormía a su lado. Era verdad. Estaba allí conmigo. Y ahora yo le pertenecía. Al final todo parecía tan sencillo... Mientras me dormía pensé en Paul y supe que, pese a todo, no le echaría de menos. Se había acabado. Ya no lo necesitábamos. Nos teníamos el uno al otro para siempre. A partir de ese momento solo estábamos nosotros dos, sin el clon. Solo Peter y yo.*

Aquí tenemos otro final interesante. Veamos sus valores.

- La autora utiliza una técnica muy habitual cuando no se está seguro de haber resulto del todo bien todos los cabos: dice "cómo había podido suceder todo eso. Sabía que nunca lo entendería el todo. No podía evitar preguntarme si lo ocurrido era fruto de mi imaginación" porque eso es lo mismo que se puede estar preguntando el lector. De esta forma queda resulto y todos decimos…¡Ahhhh!
- El final es rotundo. No deja ninguna duda. Repite lo mismo de diferentes maneras ("Se había acabado. Ya no lo necesitábamos. Nos teníamos el uno al otro para siempre. A partir de ese momento solo estábamos nosotros dos, sin el clon. Solo Peter y yo"). No da lugar a interpretaciones por parte del lector.

*Ambos se detuvieron en el inmenso portal, observando la extensión cubierta de césped donde los componentes del ejército de Aphra estaban apurando el resto del vino. Vieron a John Hoyle salir de la hostería Abbey Arms y unirse a sus amigos.*
*—Ha desertado.*

> *—Si el rey se entera de que he mentido sobre su autorización —dijo Henry—, no me concederá una embajada.*
>
> *—¿La deseas?*
> *—En realidad, no. había pensado instalarme en Somerset y pasar el resto de mis días allí.*
> *Penitence le cubrió una mano con la suya.*
> *—Yo también he pensado lo mismo. Ya hemos hecho bastante. Dejemos que el resto lo hagan Guillermo y Mary. Confío en que el suyo sea un reinado juicioso.*
> *Cuando cruzaron la calzada para unirse a los amigos de Aphra, Henry comentó.*
> *—Pero será más aburrido.*
> *—Oh, sí —contestó Penitence—. Gracias a dios. Mucho más aburrido.*

Este final lo he elegido por dos cosas:

- Se desarrolla exactamente en el mismo día que el final 2. El día de la boda de Guillermo y María de Inglaterra (siglo XVII), pero está contado por otra autora, con otra perspectiva.
- Utiliza el humor para resolver la tensión.

## e) Resumen del capítulo 10

1. En la novela romántica, el final está condicionado por la positividad. El final que escribamos, termine bien o mal, debe dejar en el lector una sensación positiva.
2. El final no es otra cosa que lo que sucede entre el clímax y la palabra FIN.

3. Debe ser coherente, significativo, tiene que repercutir en el lector, y actuar a nivel tanto intelectual como emocional.
4. Puede ser una acción, un diálogo, o una situación.
5. Por sus características, pude ser abierto o cerrado.
6. Después del final, podemos continuar la obra de tres maneras distintas; mediante el epílogo, la saga o la segunda parte.

## f) Algunos ejercicios para cimentar los conocimientos de este capítulo

### LECTURA

*—Pero, madame, es demasiado.*
*—Acéptalo. Lo mereces de sobra por haberme soportado todo este tiempo.*
*La doncella se guardó la bolsa de monedas y rompió a llorar.*
*—Necesito que me hagas un último servicio. Ve a Estocolmo y entrega esta carta al mariscal Bernadotte.*
*Sacó de su sencillo vestido de algodón un sobre perfumado con lavanda.*
*—Su esposa es una buena mujer. Te admitirá como doncella, si tú lo deseas. —dijo Alma.*
*La muchacha se secó las lágrimas y asintió.*
*El coche aguardaba en la puerta.*
*Era una carroza pequeña y ligera.*
*—¿Solo este equipaje, señora? —preguntó extrañado el cochero.*
*—Es más de lo que necesito.*

*Subió al coche sin ayuda y el chofer se sentó en el pescante.*

*La doncella lloraba sin parar.*

*—No os olvidaré, señora.*

*—Ni yo a ti. No pienso olvidar las cosas buenas de mi vida.*

*El cochero se impacientó.*

*—¿Adónde vamos señora?*

*—A Wissant. A recoger a mi hijo.*

*—Eso está cerca de Calais ¿Verdad? ¿Iremos después al puerto para embarcar hacia Estocolmo?*

*Los ojos de Alma estaban luminosos y su rostro relajado como hacía mucho tiempo.*

*—Después iremos al sur, en busca de su padre. Él no lo sabe, pero nos está esperando.*

*El cochero la miró sorprendido, pero al ver el rostro de su señora no pudo dejar de sonreír.*

*—De acuerdo, madame —y se volvió hacia el tiro— ¡Arre caballo!.*

*El sol brillaba y el carruaje partió tranquilamente.*

*No había prisas.*

*Le quedaba el resto de la vida para disfrutar de Bertrand.*

**Alma**, Bel Frances (La Máquina China)

1. Escribe un final cerrado para la historia de Alma.
2. Escribe un epílogo de tu novela preferida.
3. **Describe (más que narrarlos) tres finales distintos para tu novela**. Dos deben ser cerrados y uno abierto.

# 11. LA CORRECCIÓN

## a) Introducción

Corregir es una parte más de la escritura de una novela.

No debemos verlo como algo independiente u opcional. **La novela no está acabada hasta que no ha pasado por un exhaustivo y metódico proceso de corrección.**

La corrección plantea dos problemas igualmente importantes:

- Que no se corrija en profundidad, por lo que la novela arrastre erratas y fallos estructurales y llegue así al editor.
- Que nunca terminemos de corregir. Plantéate desde ya que tantas veces como leas tu obra, tantas querrás poner, quitar o cambiar cosas. Incluso una vez editada e impresa. Por eso hay muchos escritores que no vuelven a leer sus novelas una vez están publicadas: salud mental.

He buscado un argumento que dimensione de forma adecuada la importancia de la corrección, pero solo se me ocurre uno: **piensa en el tiempo que te va a llevar escribir tu novela, en el tiempo que has dedicado a crear el mapa de la obra durante la lectura de este manual.** Pues bien, solo tendrás una oportunidad por editor. Si mandas la obra con deficiencias acabas de perderla.

En este capítulo veremos qué es la corrección y aprenderemos un método para llevarla a cabo en su justa medida.

## b) ¿Qué debemos corregir?

*"El error de redacción más frecuente son las frases muy largas"*

De una entrevista a
Mercedes Tabuyo, Correctora Editorial

Una vez terminada la novela, debemos empezar el proceso de **reescritura**.

La reescritura es un camino que tiene un principio y un fin, y digo esto porque tantas veces como leamos nuestro texto, tantas veces encontraremos cosas que nos gustaría cambiar. Por eso es imprescindible aplicar una metodología a la corrección, para evitar que el proceso sea eterno.

*Si en capítulos anteriores hemos dicho que había que ir hacia adelante, sin pararse a corregir para evitar bloqueos. Ahora tenernos que aplicarnos lo contrario: Debemos ser meticulosos, andarnos con cuidado y no tener prisa.*

Vamos a dar un vistazo general al proceso de corrección para después entrar en detalles.

- **La re-visión**: ten en cuenta que el proceso de corrección es una re-visión de la obra (verla desde diferentes puntos de vista). Es un paso atrás para comprobar si lo que has escrito es lo que querías. Siempre tienes la oportunidad de cambiarlo antes de mandar a una editorial, a un agente o autoeditarlo.

- **La imperfección**: debes ser consciente de que la obra que ha salido de tus manos no está terminada. Podríamos decir que lo que has hecho hasta ahora es redactar. Realmente, **escribir es corregir**. Quedémonos con que ahora empezamos a escribir.
- **No tengas miedo**: cambia lo que no te guste. A veces somos reticentes a transformar la novela una vez terminada. Debemos evitar este temor. Armarnos con bolígrafo rojo, como veremos después, y eliminar, ampliar o cambiar todo lo que no nos guste.
- **Pide ayuda**: No hagas el camino sola si te sientes bloqueada o perdida. Procúrate algunos críticos en los que confíes. Personas que a su vez escriban y conozcan el proceso siempre son mejores. Paga a un corrector profesional, incluso, si te lo puedes permitir. Pero no le pidas que te digan si les gusta o no tu trabajo. Eso es demasiado general. Mejor coméntales los asuntos o conceptos estilísticos que te preocupan *(¿está bien definido el protagonistas?, ¿se acelera demasiado al final?, ¿es creíble el desenlace?, etc.)*. Cuando sepan qué buscar, serán capaces de ofrecer soluciones constructivas
- **Tómate un respiro**: La revisión, como la escritura, no es algo que puedas forzar. Así que respira. Sal a pasear, organiza una cita

con amigos/as, o sal a bailar, si te gusta. Gana perspectiva. Los ojos frescos llevan a una escritura fresca que es el objetivo de toda revisión.

## LOS TIPOS DE CORRECIÓN

Existen dos modos de corregir. El primero es ineludible. El segundo es aconsejable

Estas dos formas son la **Corrección Interna**, que es el proceso personal de corrección, el que haremos nosotros mismo siguiendo los pasos que propondremos aquí. Y el segundo es la **Corrección Externa**, que es cuando buscamos ayuda del exterior para mejorar el resultado de la corrección de nuestra novela. Ambos modos son complementarios.

## c) CORRECCIÓN INTERNA:

**PASO UNO: imprimir el manuscrito para corregir.**

El texto, por supuesto, se puede corregir en la pantalla del ordenador, pero la experiencia nos dice que se localizan con más facilidad los errores sobre papel.

Hay que dar estilo al texto digital en un formato determinado antes de imprimirlo:

- Utilizar un tipo de fuente (letra) romana sencillo mejor que una de palo seco, pues para textos largos dan mejor resultado y cansan menos cansancio durante la lectura. Las habituales son Times New Roman, o Garamond (letras de Palo Seco sería, por ejemplo, Arial o Verdana).

- Dejar doble espacio entre línea y línea. La función de este espacio es anotar en él las correcciones o apreciaciones.
- Hacer sangría en la primera línea de cada párrafo para ayudar visualmente a localizar el ritmo del texto. Justificar también el texto.
- Imprimir por una sola cara. También tiene una explicación; el reverso es otro espacio donde escribir y anotar.
- Encuadernar el texto con espiral o "gusanillo". Esto evitará que se nos despiste alguna hoja, que siempre irán numeradas.

Veamos un ejemplo de cómo quedaría el texto (*Dos mejor que uno*, de Opal Carew -Romántica Booket).

Jenna observó cómo el novio, vestido de esmoquin, entregaba una copa de champán a Suzie, su prometida, y luego se inclinaba hacia ella y la besaba en el cuello, bajo el lóbulo de la oreja, y le acariciaba el hombro desnudo con la mano. Suzie llevaba un exquisito vestido de novia palabra de honor confeccionado en tejido de encaje de color marfil y decorado con cuentas. Lo miró

sonriente, con los ojos relucientes de felicidad.

**PASO DOS: proveerse de bolígrafo rojo.**

Como autor debes trabajar el texto en rojo, anotando o cambiando lo que te interese. Existe un "lenguaje" de corrector que puedes consultar en internet. Aun así, puedes crear el tuyo propio, ya que esta primera corrección es para tu uso exclusivo. Cuando un editor te devuelva unas galeradas corregidas en papel para que las revise, sí lo usarás, por lo que es interesante que, al menos, lo conozcas.

**PASO TRES: corregir con la misma intensidad cada capítulo.**

Como es cierto que la corrección suele ser un proceso lento, es importante que corrijamos cada parte del libro con la misma intensidad. Un error habitual es que los primeros capítulos estén bien corregidos, pero a medida que avanza la lectura, los últimos apenas estén retocados. Debemos evitarlo.

**PASO CUATRO: Primera pasada.**

En esta primera pasada de la novela al completo concentrarse en la estructura de la obra. Para ello debemos preguntarnos continuamente:

- **¿Comienza la novela de forma adecuada una vez que la hemos terminado?** solo contestamos Sí o No. Cuando empecemos a aplicar las correcciones que hemos hecho en el papel a nuestro texto del ordenador, entonces desarrollaremos varios inicios si hemos contestado que *no*.

- **¿Es el tipo de novela que queremos?** Esta pregunta es peligrosa, porque la insatisfacción permanente del artista te va a hacer contestarte siempre que no, pero debes ser benevolente contigo misma.
- **¿Los personajes tiene el carácter necesario?** Ahora es el momento de preguntárnoslo. Debemos saber si los personajes creados funcionan bien.
- **¿La acción es suficiente como para entretener al lector? ¿Y los impulsos?** Independientemente del subgénero, la novela romántica no puede ser aburrida. A veces debemos conseguirlo por medio de la emoción, otras por el erotismo, otras por la acción. ¿Lo hemos logrado?
- **¿Los escenarios son suficientemente atractivos y adecuados?** Realmente nos estamos preguntando si funcionan bien. ¿debemos cambiar algo en alguno de ellos?
- **¿El narrador funciona de forma correcta?** El narrador, que nos dio tantos dolores de cabeza durante el capítulo 2; pues ahora es el momento de descubrir si hemos acertado.
- **¿Los temas a tratar se han mantenido?** Eso no quiere decir que a lo largo del proceso de escritura no decidamos hacer cambios drásticos, pero debemos preguntarnos también si son localizables.
- **¿Es adecuado el tono?** Muchas veces nos falta o sobra humor, necesitamos más

dramatismo, o quizá debemos aportar más misterio.

- **¿Son adecuados los capítulos? ¿o tenemos capítulos de 50 páginas y otros de 3?** Es necesario preguntarse si la división de capítulos es la adecuada. Muchas veces se termina por dividirlos más o por el contrario, agruparlos en menos capítulos.

**PASO CINCO: Segunda pasada; centrarse en la narración.**

La segunda pasada es donde corregiremos el estilo, teniendo especial cuidado con:

- Eliminar frases hechas.
- Eliminar repeticiones malsonantes o cercanas.
- Buscar imágenes originales.
- Eliminar frases demasiado largas o concatenadas.
- Eliminar adverbios terminados en "mente" y gerundios mal aplicados.

**PASO SEIS: aplicar las correcciones al texto.**

Cuando tenemos en nuestras manos el manuscrito corregido, lleno de anotaciones en rojo, debemos pasar esas correcciones al texto digital de nuestro ordenador. Aquí es importante que vayamos guardando cada una de las diferentes versiones del texto siguiendo la siguiente nomenclatura:

- **Primer texto; versión 1**: esta versión es el original no corregida, que se guarda con nombre, fecha y versión. Veámoslo con un ejemplo: *Alma_12_03_2005_(v1)*. De esta forma tenemos el título para localizarlo. La fecha para saber de cuándo es esa versión. Y qué número en la larga serie de revisiones tiene este texto.

*IMPORTANTE: Debemos guardar cada versión. Podemos hacerlo o copiando el archivo completo y pegándolo en un nuevo documento con el nuevo nombre. O abriendo el archivo y guardándolo con un nuevo nombre (Guardar como...). De estas dos maneras no aseguramos que no borraremos ninguna de las versiones de nuestra novela.*

- **Segundo texto;** versión 2: Alma_18_08_2005_(v2).
- **Tercer texto;** versión 3: Alma_01_03_2006_(v3).
- Y así...

**PASO SIETE: dejar reposar durante al menos dos meses.**

Al igual que durante el proceso de narración apuntábamos que era interesante empaparse de la esencia de la novela leyendo, escuchando, olfateando todo aquello que tuviera algo que ver con ella, ahora ha llegado el momento de tomar distancia.

Es importante que la dejemos reposar, como a un buen vino. Casi olvidarnos de ella. Empezar nuevos proyectos, leer nuevas cosas. Buscar en nosotros un cambio de perspectiva.

**PASO OCHO: volver a corregir una segunda vez, empezando por el paso 1**

Dos meses después, cuando hagamos nuestra segunda y última corrección interna, veremos cómo descubrimos cosas que antes han pasado desapercibidas.

Antes de pasar a la corrección externa, vamos a ver algunas cosas que debemos tener en cuenta, tanto para un tipo de corrección como para otro:

**COSAS A TENER EN CUENTA TANTO PARA LA CORRECCIÓN INTERNA COMO EXTERNA**

- Debemos trabajar las escenas como unidades que empiezan y terminan, dándoles una visión global.
- Con los capítulos debemos hacer lo mismo.
- Debemos controlar el ritmo.
- Debemos evitar personajes estereotipados.
- Debemos conseguir que las acciones sean creíbles
- Debemos quedar convencidos de que el principio y el final de nuestra novela son los mejores que puede tener.
- Debemos suprimir lo que no tenga una función.
- Debemos eliminar información repetida.

- Debemos limpiar de adjetivos y adverbios que saturen la narración.

*IMPORTANTE: ahora, antes de sacarla al exterior, es el momento de registrar nuestro manuscrito en el Registro de la Propiedad Intelectual. Cómo hacerlo lo veremos en el siguiente capítulo.*

## d) CORRECCIÓN EXTERNA

Dijimos al principio que la corrección externa es optativa. Sin embargo nos ayudará no solo a corregir nuestra novela desde todos los puntos de vista, sino a darnos una visión exterior de la misma que nos puede ayudar a enriquecerla.

Veamos una serie de pasos, que se pueden ordenas como quieras y saltarte los que quieras, para una sólida corrección externa:

**PASO UNO: Darlo a leer a familia y amigos.**

Sería una primera visión exterior, pero solo válida si son capaces (o nosotros somas capaces de transmitir), que deben hacer una lectura crítica.

En todo momento deberemos diferenciar entre las opiniones personales y el análisis. Las opiniones personales suelen estar en el ámbito del *gusto*. El análisis del *por qué*.

## PASO DOS: Darlo a leer a clubes de lectura.

Aunque sería generalizar, pero podríamos decir que en todas las bibliotecas públicas existe un club de lectura. Una forma fabulosa de mejorar nuestra obra es buscar su colaboración. Para conseguirlo lo correcto es hablar y acordar la colaboración del /la bibliotecario/a y hacerlo partícipe de nuestro proyecto. Junto con tantas copias de nuestro manuscrito como miembros tenga el club, le entregaremos a cada uno un cuestionario de valoración. Éste puede estar inspirado en todas las preguntas que se plantean en este capítulo. Debajo veréis un cuestionario tipo, pero ya que vosotras sospecháis dónde está la debilidad de vuestra obra, podéis orientarlo hacia su detección.

Por supuesto lo normal es que te inviten a la sesión de debate de tu obra. Sé humilde, acepta las opiniones, da las gracias por cada alago o crítica, y gratifica a los participantes con una buena tarta o un pastel hecho por ti; no solo te han ayudado sino que cuando publiques tu novela serán los primero en comprarla; ya son tus lectores.

| FICHA DE CORRECIÓN | |
|---|---|
| ¿Comienza la novela de forma adecuada? | |
| ¿Te gusta? ¿Qué cambiarías? | |
| ¿Los personajes tienen el carácter necesario? | |
| ¿La acción es suficiente como para entretener al lector? | |
| ¿Los escenarios son suficientemente atractivos y adecuados? | |
| ¿El narrador funciona de forma correcta? | |
| ¿Localizas los temas que trata? | |
| ¿Es adecuado el tono? | |
| ¿Es adecuada la división de los capítulos? | |

| | |
|---|---|
| ¿Son acertadas las escenas? | |
| ¿Se mantiene el ritmo? ¿Dónde no? | |
| ¿Hay personajes estereotipados? | |
| ¿Son creíbles las acciones? | |
| ¿Te parece que el principio y el final son los mejores para esta novela? sugerencias | |
| ¿Sobra algo? | |
| ¿Detectas si hay información repetida? | |
| ¿La adjetivación la ves adecuada? | |
| ¿Detectas algunas frases hechas? | |
| ¿Detectas repeticiones? | |
| ¿Crees que las imágenes literarias son suficientemente originales? Si no, señálalas. | |
| ¿Consideras que hay frases demasiado largas? ¿Dónde? | |
| ¿Has encontrado adverbios terminados en "mente" o gerundios mal usados? | |

**PASO TRES: Darlo a leer a los Talleres de Escritura.**

También en las bibliotecas públicas y en muchas librerías existen talleres de escritura. El proceso sería igual que el descrito en el paso 3.

**PASO CUATRO: Darlo a leer a través de internet.**

Aquí debemos tener **especial cuidado**. Antes que nada debemos sopesar si nos interesa difundir nuestra obra en la Red (colgarla completa en un foto o dar la posibilidad de descargarla), ya que puedes tener problemas con tu editor si éste ve que tu obra está colgada íntegramente en internet, pues se entendería que ya ha sido difundida y por lo tanto dejaría de ser inédita.

Lo correcto es acercarte a cualquiera de los muchos portales de novela romántica, participar en los foros, y encontrar a otros usuarios que quieran leer tu obra. En ese caso mándalo por correo electrónico (por supuesto tu obra ya debe estar registrada en Propiedad Intelectual).

Para propiciar esto, cuelga el primer capítulo, o mejor, el detonante. Haz participar a los demás. Puedes adjuntarles el cuestionario anterior.

Te reseñamos solo algunos portales de novela romántica ordenados arbitrariamente. Hay más tan interesantes como estos.

http://www.rnovelaromantica.com/
http://www.elrinconromantico.com/
http://www.e-romanticos.com/
http://www.romanticasalhorizonte.es/
http://www.universoromance.com.ar/
http://www.yoleora.com/
http://www.juvenilromantica.es/
http://www.romanceescoces.com/
http://www.seriesysagas.com/

**PASO CINCO: Mandar a hacer una corrección de estilo.**

Si queremos que nuestra obra esté perfecta, también podéis mandarla a valorar y/o a corregir.

Una valoración suele ser un estudio pormenorizado de la novela, hecho por un profesional, que nos analizará a fondo el texto y nos emitirá un informe literario que suele tener entre 10 y 30 páginas. Las partes de la que suele constar un informa de este tipo son:

- Corrección del Inicio
- Corrección del Final
- Análisis de los personajes
- Análisis de la Ortografía y sintaxis
- Análisis de la Estructura de la obra
- Errores y hallazgos
- Recomendaciones de corrección

Conclusiones finales, donde se suelen recomendar editoriales y contactos si el informe es positivo, o recomendaciones de corrección. Hay muchos y muy buenos profesionales que puedes encontrar en la Red.

**PASO SEIS: Corregir orto-tipográficamente**

Se trata de una corrección centrada en las erratas ortográficas y de tipografía hecho por un profesional corrector. El precio de corrección suele oscilar entre 0,90 € y 1,20 € por millar de caracteres con espacios.

**PASO SIETE: el séptimo paso en verdad no lo es. Consiste en tener en nuestras manos una obra cerrada y `perfecta para mandar a una editorial.**

Debemos ser conscientes de que solo vamos a tener **una oportunidad por editorial**. Cuanto más cerrada esté la obra, mejor.

# e) Los errores más habituales

Repasemos uno a uno los puntos a los que tenemos que prestar especial atención en el proceso de corrección:

## 1 El Personaje principal deja de ser activo

Eso sucede porque como ya habrás comprobado en alguna ocasión (y si no, ya lo verás), al poco tiempo de empezar la novela los personajes suelen cobrar vida propia, pidiéndonos nuevos caminos, y suele ser habitual que algún personaje secundario tome mayor relevancia que el principal. Esto puede deberse a que el personaje principal haya dejado de gustarnos o porque alguno de los secundarios nos agrada más o encontramos que la obra mejora o da más juego con ese personaje. Es fácil que suceda; pensemos que los personajes que actúan de contrapunto del principal, o sea, los antagonistas o "Los Malos", en la mayoría de los casos son mucho más atractivos que "Los Buenos". En cualquier caso es un error. Debemos repasar el texto (las escenas) y ver dónde el personaje se vuelve pasivo y devolverle la fuerza perdida. Si eso no nos apetece, o es muy complicado y acabamos prefiriendo al personaje secundario, deberíamos reestructurar la obra para hacer efectivo el intercambio de roles o tener más de un personaje principal, esta solución es un poquito más complicada, pero la experiencia vale la pena.

## 2 No presentar a los Personajes Principales en los primeros párrafos

El lector busca, quiere identificarse con el personaje principal, al menos quiere hallarlo rápidamente para saber cómo y a quién prestar mayor atención. Es vital que en la primera escena (*en* o *tras* el detonante), se presente al menos a uno de los dos, y muy aconsejable que se hable ya del otro. El comienzo es un momento delicado como hemos visto en este manual no sólo porque debemos captar la atención del lector, sino porque tenemos que presentar al personaje. Hay muchas formas de hacerlo, ya lo hemos ido viendo, pero si estos no aparecen, el lector tiende a confundirse y creer que algún secundario es el principal (por desgracia somos de costumbres fijas) y cuando al fin nuestro protagonista aparece, la confusión se hace mayor y puede llegar a molestar. Intenta mostrar alguna emoción del personaje, eso le servirá para darle profundidad, para caracterizarlo, sin necesidad de describirlo completamente. Ese es un punto importante, no lo hagas de forma descarada, sensiblera ni gratuita, la inclusión debe ser natural, si no es así recompón la escena hasta conseguirlo.

## 3 Exceso de Ideas

Un error típico que no debemos cometer. Tenemos demasiadas ideas en la cabeza y las queremos meter todas para dar una sensación de complejidad a la trama, de riqueza. Pero no es necesario en absoluto. Solo servirá, como mucho, para que el lector se dé cuenta de la falta de seguridad que tenemos en nosotros mismos. A menudo utilizamos un personaje para explicar una cosa en el primer capítulo, otro en el segundo, otro en el tercero. Hay que aprovechar a los mismos personajes, utilizarlos más intensamente, eso les dará mayor profundidad psicológica y por ello facilitaremos la labor del lector para seguir la trama. Al utilizar a los mismos personajes secundarios, se debería escoger a alguno en concreto (por ejemplo el confidente del personaje principal), para que nos ayude a movilizar la trama.

## 4 Generar una sensación desordenada

Sucede cuando nos saltamos nuestra planificación. Es más habitual de lo que piensas y se debe a que según avancemos en la redacción de la novela nuevas ideas, nuevas experiencias irán surgiendo que nos harán tomar nuevos derroteros. En principio no es incorrecto SIEMPRE que revisemos la planificación y todo encaje de nuevo. Pero lo habitual es no hacerlo y de pronto nuestro esquema tan bien trazado empieza a hacer aguas.

## 5 Diálogos

Es una parte fundamental en la obra, cuanto más larga sea ésta, más importante se vuelve. Pero tampoco te obsesiones con ellos. Intenta no dejar soliloquios, conferencias, largas parrafadas ni explicaciones. Un sistema sencillo de comprobar si vamos por buen camino es visualizar la hoja de papel como si fuera una imagen, si hay mucho texto quiere decir que hay una pobreza de diálogo, si hay mucho espacio en blanco pasa lo contrario, estamos abusando de él. Aun así, sólo tú puedes evaluar si en una escena es necesario introducir más o menos cantidad de diálogo.

## 6 Llegar al final con demasiada prisa

Otro error habitual. Estamos tan ansiosos por acabar la novela que generalmente precipitamos el final. Las historias acaban demasiado abruptamente, sin dar todas las respuestas que demanda el lector.

### 7 No proponer comienzos distintos.

Ya hemos insistido pero volvemos a recalcarlo. El comienzo es una importantísima herramienta de marketing, y un enorme atractivo para el lector. Debemos asegurarnos que nuestro comienzo es el MEJOR.

## F) La elección del título

**Si el comienzo es importante, el título es nuestra principal herramienta de ventas**. Más adelante, cuando consigamos publicar nuestro libro y éste repose sobre la balda de novedades de una librería, se le sumarán la portada y el texto de la contraportada, después el texto de las solapas, y por último las primeras páginas, que por este orden es lo que suele ojear un lector antes de decidirse a comprar un libro.

En nuestro caso vamos a trabajar el título, ya que los otros factores serán en gran parte responsabilidad de la editorial.

Es posible que desde el principio tengamos un título para la obra, pero suele ser lo más habitual que éste solo llegue al final, o que manejemos lo que llamaremos un

*Título Provisional* que servirá al menos para nombrar el archivo en nuestro ordenador.

Insistimos en que debemos ser cuidadosos con el título de nuestra obra, ya que es una **HERRAMIENTA DE VENTA**. Sobre todo en el género romántica.

*El título debe tener la capacidad de proyectar una imagen en la cabeza del futuro lector que por una parte resuma el contenido de la novela, y por otra genere expectativa.*

Si te fijas bien, solo por el título podemos descubrir a qué subgénero pertenecen muchas de las novelas que elegimos. Vamos a experimentar: aquí tienes una serie de títulos de novelas publicadas. Algunas seguro que las conoces. Te propongo que anotes a qué subgénero crees que pertenecen. Te pondré las soluciones en la página de ejercicios de este capítulo:

- *A través del Tiempo*
- *Abraza mi oscuridad*
- *Enmendar a un granuja*
- *Ni muerta ni con trabajo*
- *Amenazas Veladas*
- *Peligrosamente sexy*

Vamos a conocer **algunos trucos para encontrar un buen título**:

- **A partir del tema**: trabajaremos a partir del tema, buscando palabras que lo identifiquen, sinónimos, antónimos, palabras de significados relacionados o diametralmente opuestas.

- **A partir de los personajes**: nos preguntaremos cuáles son las características principales de los personajes, ¿Son piratas, vampiros, príncipes? ¿son orgullosos, cobardes, pendencieros?
- **A partir de los escenarios**: tomaremos el hilo siguiendo la estela de los escenarios donde se desarrolla la novela. ¿Es un castillo, con qué nombre? ¿Es una ciudad como Nueva York? ¿Es una rectoría? ¿Es un país exótico?
- **A partir del argumento**: en este caso nos dará la clave del título el mismo argumento ¿Hay un secreto? ¿Hay un viaje? ¿una infidelidad? ¿Un matrimonio de conveniencia?
- La mezcla de algunos aspectos anteriores

O podemos utilizar juegos para localizarlos:

- **Juego de recortes de palabras**: consiste en anotar sobre pequeños trozos de papel palabras (normalmente un lote de sustantivo y otro de adjetivos, sacados del apartado anterior) que hayamos recogido al preguntarnos sobre el tema, los personajes, los escenarios o el argumento. Mezclamos bien los dos montones por separado y sacamos un papelito al azar de cada uno. Juntos nos darán combinaciones originales, hasta encontrar una que nos guste, y que después afinaremos.

Veamos un ejemplo con nuestro ARGUMENTO 3:

a) TEMA: orgullo, venganza, traición, amor.

b) PERSONAJES: sanadora, faraón, curandera,
c) ESCENARIOS: harem, Tebas, Egipto
d) ARGUMENTO: poder, invasión, epidemia

Me sale una combinación que me gusta:

AMOR + TEBAS

Trabajo sobre ella para localizar el título:

**La amante de Tebas**

- **Máquina de valorar títulos**: hay una herramienta curiosa que os reseño más como curiosidad que por su utilidad. La web de Lulu puso en marcha un "valorador de títulos" que puntúa el éxito que nuestro título pudiera tener de cara al mercado. No está de más probarlo. Es en inglés. Yo he incluido el nuestro y con semejante título solo me da un 10,2% de posibilidades de ser un éxito editorial.
- **Preguntar a terceros**: una opción que no debemos desechar.

## g) Resumen del capítulo 11

1. Debemos tener claro que la corrección es un proceso con principio y fin, y no debemos eternizarla.
2. A la hora de corregir, debemos saber que la Corrección Interna es absolutamente obligatoria. La Externa es optativa, pero aconsejable en alguna de sus formas.

3. Tanto para una como para otra es aconsejable la fabricación de fichas de corrección.
4. Por último hemos hablado del título, su importancia, y algunos trucos para encontrarlo.

## h) Algunos ejercicios para cimentar los conocimientos de este capítulo:

### LECTURA

*Querida tía Ana.*

*He pedido al posadero una vela de sebo para escribirte antes de partir. El cochero está de mal humor, pues piensa que es de locos atravesar el bosque a estas horas; una mujer sola y un niño pequeño. No he querido discutir con él y simplemente le he ordenado que prepare los caballos.*
*¿Cómo le explico que solo he amado una vez? Que a pocas millas amanecerá en unas horas la casa donde le conocí. Que veré de nuevo a mis viejos amigos. Qué él estará allí.*
*Sí. Él estará allí.*
*Y donde él se encuentre, ese es mi hogar.*

*Alma*

\*\*\*\*\*\*

*El sonido del trueno fue tan inmediato como el rayo, que inundó la estancia de una vibrante luz blanquecina.*

-*La tenemos encima.*- Dijo el posadero terminando de atarse un sucio mandil.

Alma atisbó a través de la ventana. La cortina de agua era tan espesa que no permitía ver más allá de los postigos.

-*¿Desea que le prepare un poco de caldo? Aún quedan unas horas para el amanecer.*

Alma contestó con cara preocupada.

-*No tenemos tiempo. Aunque le rogaría que calentara un poco de leche para mi hijo.*

El pequeño David dormía profundamente arropado con su chal. Alma lo había vestido antes de bajar al salón y mientras esperaban al cochero se volvió a dormir sobre la dura superficie de un banco.

-*Señora*-volvió a insistir el posadero-, *la Casa de los Pedernales está a unas millas de aquí. Quizás escampe dentro de una par de horas y entonces...*

-*Gracias*- dijo Alma con firmeza-. *Será mejor que caliente la leche.*

El hombre titubeó y desapareció camino de la cocina.

*"Quizá tenga razón"* pensó Alma. Quizá debería esperar en aquel horrible lugar a que el temporal amainara y los caminos fueran más seguros.

Pero desde hacía dos días se encontraba intranquila. Un extraña sensación le cruzaba la mente, como un vuelo de mariposas que la confundía y dejaban un rastro de incertidumbre al pasar.

Se había dicho una y mil veces que no era otra cosa que cansancio. Desde que dejaran París apenas había dormido, atenta a que David se encontrara cómodo en una carroza demasiado pequeña para un viaje tan largo.

-*Es solo cansancio*-.Volvió a repetir, guardando la carta que acababa de escribir en un sobre.

*En ese momento la puerta de la posada se abrió y apareció su cochero empapado de agua.*

*-El cielo se está derritiendo ahí fuera, señora.*

*-¿Creéis que habrá dificultad para seguir el camino?-preguntó Alma retorciendo nerviosamente un pañuelito que había aparecido por la manga de su pesado vestido de viaje.*

*El hombre la miró un momento antes de contestar. Llevaba tres años trabajando para madame de Lorme. En todo ese tiempo pocas veces la había visto sonreír. Sin embargo, desde que decidiera emprender aquel viaje era una mujer completamente distinta. Una mujer dichosa.*

*-No señora. El camino es bueno y suele estar bien delimitado. Tendremos que ir despacio por si la lluvia ha derribado algunos árboles. Le aseguro que antes del medio día estaremos en la casa.*

*Una sonrisa luminosa apareció en los labios de Alma.*

*-Será mejor que partamos enseguida.*

*Sin título, Bel Frances (Inédito)*

1. La autora Bel Frances nos ha cedido este fragmento inédito de lo que, en principio, empezó a escribir como segunda parte de su novela *Alma*, y que después abandonó. Parte de este texto, una vez corregido, lo reutilizó en *No te fíes de un bandido* (Editorial Vestales), otras fueron desechadas. Nos ha advertido que era solo un borrador, sin ninguna corrección… exactamente lo que nosotros necesitábamos.

2. Ahora nosotros vamos a hacer eso; corregirlo. Es necesario que lo hagas siguiendo todos los pasos vistos en este capítulo.

3. Por último voy a darte la solución a los títulos que vimos antes:

| | |
|---|---|
| *A través del Tiempo* | De la autora Pilar Cabero, es una Time Travel |
| *Abraza mi oscuridad* | De Isabel keats, es Paranormal |
| *Enmendar a un granuja* | De Suzanne Enock, es Regencia |
| *Ni muerta ni con trabajo* | De Mary Janice Davidson, es una Chick Lit |
| *Amenazas Veladas* | De Deborah Donnelly, es Suspense Romántico |
| *Peligrosamente sexy* | De Kinda Francis Lee, es Erótico Romántica |

# 12. PUBLICAR TU NOVELA

## a) Introducción

Para terminar nuestro manual, entremos de lleno en cómo trasladar nuestro preciado manuscrito a manos de un lector.

Iremos desde lo habitual a lo no tanto, encontrando fórmulas que existen y funcionan bien.

Y por supuesto empezamos hablando de los rechazos. Dan Brown tuvo que tener éxito con *El Código Da Vinci* para que el público llegara a conocer sus libros anteriores. A Kafka se le publicó póstumamente (espero que a ninguno de nosotros). Gabriel García Márquez había publicado sin éxito hasta que vio la luz *Cien Años de Soledad* y le catapultó como el gran escritor reconocido que es hoy. Ernesto Sabato llegó a la desesperación de quemar varios manuscrito, y si no llegaba ser por su esposa, que salvó algunos de las llamas, hoy se habrían perdido. *Por el camino de Swan*, de Proust tuvo que ser costeado por él mismo para poder ver la luz. Rudyard Kipling, autor de *El libro de la selva*, tuvo que escuchar del periódico donde pretendía escribir sus artículos que "no era un jardín de infancia para escritores noveles que no saben utilizar el idioma inglés". Y así podríamos llegar hasta el famoso caso de J.K. Rowling a la que rechazaron la obra porque "los niños no leen libros tan largos"; se referían al gran éxito editorial *Harry Potter*.

Partamos de esta base; **los editores no siempre tienen la razón**, no desesperemos, ya nos descubrirán.

Veamos cómo precipitarlo.

## b) Registrar la obra

Antes de sacar la obra de nuestro ordenador y entregarla a terceros, ya sea para su corrección como para su valoración, aconsejamos encarecidamente que se registre en Propiedad Intelectual.

Es un proceso sencillo y económico que nos permitirá garantizar nuestra autoría en el caso de posibles plagios.

El Registro de la Propiedad Intelectual es un organismo previsto en la Ley de Propiedad Intelectual, que es único en todo el Estado, pero con una estructura descentralizada, por lo que hay matices (como el precio) que pueden variar en la forma de procesar las solicitudes de uno a otro.

La propiedad intelectual está integrada por una serie de derechos de carácter personal y patrimonial, que atribuyen al autor de una obra literaria, artística o científica, la plena disposición sobre la misma y el derecho exclusivo a explotarla, sin más límites que los establecidos en la Ley.

La inscripción es eficaz desde la fecha de presentación de la solicitud, salvo que esta solicitud deba subsanarse porque falte algún dato o documento necesario para su tramitación. En estos casos la inscripción será eficaz cuando se produzca esta subsanación.

Las solicitudes de inscripción se pueden presentar de forma telemática si dispones de certificado digital (es lo más cómodo), o acudiendo al registro más cercano a tu localidad, aportando:

- El impreso oficial de la solicitud por duplicado.
- Un ejemplar de la obra, perfectamente encuadernado (espiral o gusanillo), con las páginas numeradas, todos los datos del autor en la portada (nombre, apellidos, DNI, domicilio, teléfonos), y firmada en la primera y última página.
- El documento acreditativo del pago de tasas, que podrás recogerlo a la vez que la solicitud y se paga por banco. El precio ronda los 10,00 € por obra.
- Una fotocopia del DNI.

Lo aconsejable es que registremos la obra en este punto del proceso de escritura y si, al hacer las correcciones externas, ésta ha sufrido muchos y evidentes cambios, volvamos a inscribirla, lo que no suele ser habitual.

**Es durante el registro de la obra, cuando podemos inscribirnos con nuestro propio nombre o con pseudónimo.** Si elegimos lo segundo, solo tenemos que reseñarlo, y a efectos del registro pasamos a estar inscritos con él, sin menoscabo de nuestra auténtica identidad. Esto debemos advertirlo a nuestro editor, pues a efector de inscripción en otro registro, el ISNB, que es obligación de la editorial, también podemos figurar con nuestro nombre o con un seudónimo elegido.

Podéis encontrar toda la información oficial en este enlace.

313

## C) Cómo presentamos la obra

Partimos siempre de la base, de que **tenemos una única oportunidad por editorial y novela**, lo que significa que debemos aprovecharla al máximo.

La forma en la que un texto llega a un editor ya dice mucho del autor, de su grado de profesionalidad, de su experiencia, de su dedicación y de su capacidad.

**NO ENVIEMOS MANUSCRITOS.** Lo considero un error. Debemos partir de una situación diferente del resto de competidores (entiéndase todos aquellos manuscritos que esperan su evaluación) y es necesario saber jugar las cartas.

*Debemos pensar en este momento como editores, no como escritores.*

Ponte en el lugar de un editor; diariamente llegan muchos manuscritos a una editorial, y más si ésta es de buen tamaño. Nuestra misión es ponérselo fácil, ofrecer exactamente lo que el editor necesita para valorar nuestra obra, y aprovechar esta gentileza que vamos a tener con él/ella, para venderle nuestra novela.

**¿Cómo lo hacemos?** Por medio de la propuesta editorial.

## d) LA PROPUESTA EDITORIAL

Tal y como dijimos del título, **la propuesta es otra herramienta de venta**, y debe cumplir el objetivo de ser un reflejo fiel de nuestra obra.

Una propuesta editorial está compuesta por la *Carta de Presentación* (que será la misma que veremos luego cuando hablemos del manuscrito), y la *Propuesta* propiamente dicha.

**La Carta de Presentación es una primera comunicación escrita con el editor o con el agente editorial** (siempre mejor e-mail), de una página como máximo, donde **se presenta autor y libro**, y en la que también se ofrece mandar la propuesta editorial.

La Carta de Presentación ahorra muchísimo tiempo, frustraciones y dinero. Si un agente o una editorial no responden a la misma, te habrás ahorrado hacer una copia de la propuesta y los gastos de correos, ya que de enviarla tampoco hubiera recibido atención.

**Formato de la Carta de Presentación**

El principal desafío al que te enfrentas es cómo llamar la atención de agentes o editores que están sobre-demandados, faltos de tiempo, y que reciben una gran cantidad de propuestas, además de la suya.

Si bien no hay una receta que garantice el éxito, la experiencia muestra qué conviene hacer y qué no. Lory Perkins, una exitosa agente de Nueva York, hace algunas sugerencias muy concretas para escribir una Carta de Presentación:

- "Nunca envíe una carta de presentación de más de una página. Doscientas cincuenta palabras tienen que ser suficientes para presentarse a usted mismo y a su libro. Llevo vendidos más de 2.000 libros y nunca envié a un editor una carta de más de una página. Si me sale más extensa, la rescribo". Busca provocar una clara y sencilla primera impresión. Escribe lo imprescindible.

- "No envíe cartas manuscritas, que dificultan la lectura. Escriba con una tipografía legible, en cuerpo 10 a 12, ni menor ni mayor, sin adornos ni colores. Son todos gestos de aficionado que no impresionan a ningún editor".

- "No intente ser original o gracioso, a menos que esté ofreciendo un libro de humor, y esto sea parte de su presentación. Usted está buscando una relación profesional, no un intercambio entre amigos".

- "No le diga al agente o al editor a quien ni siquiera conoce, cuánto lo respeta o lo admira. Los elogios injustificados no ayudan con los profesionales serios".

- "No olvide agregar sus datos completos: nombre, dirección, teléfono, e-mail y horarios para recibir llamadas. Se sorprendería del número de escritores que olvidan incluir sus datos en las cartas, y es imposible responderles·".

Cuando un agente o un autor presentan una novela a un editor, cuando el editor la presenta a sus comités editoriales y cuando la editorial la presenta a los libreros, **cuanto más sintética es la presentación, mejor**. ¿Veis una vez más la utilidad de nuestros miniargumentos?

*Peter Rubin, agente literario, dice que la mejor sinopsis de una novela es una larga frase, porque muestra que ambos, -el autor y la novela-, están bien enfocados. Y agrega contundente: "si un escritor es incapaz de describir su novela en una frase, probablemente a ese libro le falte bastante trabajo."*

La Carta de Presentación, que es un texto de no más de un folio (si la enviamos vía e-mail igual extensión) debe contener:

- Destinatario con nombre y apellido correcto (si no lo sabemos llamamos a la editorial y lo preguntamos).
- Una breve presentación del autor (datos significativos como escritor, no tu historia personal).
- Un párrafo de descripción del tema o argumento.
- Tu nombre, dirección, teléfono y e-mail.

En principio esto sería suficiente. En el mercado anglosajón suele añadir además:

- Alguna mención del público al que el libro está dirigido (nunca pongas "para todo público", porque esto no existe, y el editor creerá que tú no piensas en los lectores).
- Alguna estimación sobre "el mercado". ("La novela romántica es la más leída tras la contemporánea" o "la novela tal sobre un

tema similar vendió treinta mil ejemplares", etc.).

- Información determinante para la promoción del libro ("tengo una perfil en Facebook con 5.000 seguidores", o "escribo diariamente en varios diarios de a nivel nacional")

## ¿DE QUÉ CONSTA LA PROPUESTA EDITORIAL?

Imagínala como un documento con las siguientes partes:

**PORTADA**: blanca y concisa, sin ningún adorno.

Debe contener en la parte superior centrada el título en grande.

Debajo justo, también centrado, el nombre del autor (o pseudónimo si es el caso).

Apuntamos después el género y subgénero, y dejamos claro que es una propuesta.

Debajo, cuatro líneas como máximo donde resumimos el argumento centrándonos en las ideas fuerza (aquellas palabras que son imprescindibles porque forman parte de la historia).

A pie de página, y a la izquierda, todos los datos del autor.

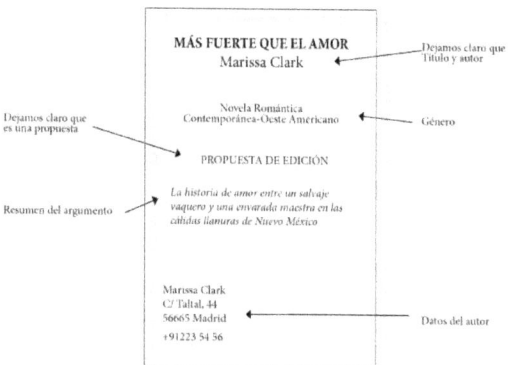

**SINOPSIS**: inmediatamente detrás de la portada incluiremos la sinopsis. No debe ser superior a media página y en ella debemos contar el argumento en sus líneas generales, dejando abierto el final. Veamos un ejemplo:

*La desesperación arrastra a Miren Cienfuegos, aquejada de una rara enfermedad terminal, en busca del mito del vampiro como posible cura. Miren lo abandona todo y con la ayuda de Revel Colina, un cazador de libros extraños, emprende la búsqueda de un antiguo tratado de Magia Póstuma que encierra las claves para transformarse en nosferatu. Tras este antiguo libro recorren Centroeuropa, una tierra llena de mitos quizá no tan ficticios, hasta dar con la pista no de un solo libro, sino de dos; el veneno y su antídoto.*

*Mientras tanto, los ayudantes del profesor Colina descubren en Londres la coincidencia de una serie de asesinatos que durante doscientos años han venido produciéndose con un mismo modus operandi. Están sobre la pista de un vampiro, un vampiro real que habita en la ciudad de Londres; el vampiro de*

319

*Hightgate que inspiró a Bran Stoker su famosa novela Drácula, y a quien ya persiguen de cerca un grupo de cazadores.*

*Todos los personajes confluirán al final de la novela en la ciudad del Támesis, en una trepidante caza de vampiros que no terminará con el resultado esperado...*
*¿o s í?*

**BIOGRAFÍA**: aquí solo reseñaremos información relevante sobre ti como autora y si tienes obras anteriores. Debes enfocarla desde el punto de vista de qué es lo que te capacita para escribir esta novela. También deben ser unas pocas líneas.

**CLIPPING**: serían recortes de prensa o de artículos y comentarios en internet referentes a ti como autora, o que te capaciten para la escritura de tu novela. Por ejemplo, si centras la novela en que la protagonista pone un restaurante, podrías incluir clippings que te citen como cocinera. Si tienes un buen archivo, elige los más representativos; una columna moderada de un gran diario vale mucho más que un elogio de un medio menor.

**MUESTRA DE ESCRITURA**: y ahora sí, al final incluimos nuestra muestra de escritura. Aquí debemos incluir el principio de la novela (el detonante si es suficientemente largo –dos o tres páginas-, o el primer capítulo, y normalmente el capítulo donde se desarrolla el clímax. Ambos capítulos deben estar perfectamente identificados, poniendo en su cabecera; Muestra de la novela/CAPÍTULO 1, y Muestra de la novela-clímax/CAPÍTULO 12.

A estos puntos se les pueden añadir los que siguen (como verás estamos siguiendo y ampliando el esquema de la carta de Presentación), aunque solo cuando tenemos argumentos muy claros, pues si no puede dar una impresión de superficialidad:

**LIBROS SIMILARES** (1 página): sería identificar nuestra novela con otras similares. Ubicar la obra (género, subgénero), hablar de qué autores de éxito cultivan este subgénero y en qué se diferencia para mejor nuestra obra.

**INFORMACIÓN "DE MERCADO"** (1 página): está relacionado con el punto anterior. Aquí debemos dar datos de quiénes son los lectores potenciales de nuestra novela, cuántos son y qué volumen de negocio tienen los autores con los que antes nos comparamos.

**INFORMACIÓN ÚTIL PARA PROMOCIÓN** (uno o dos párrafos): por ejemplo tus contactos en los medios si los tienes, o el número de alumnos si eres profesora, o las organizaciones o grupos a los que estás vinculada, tanto en el país como en el exterior. Todos aquellos datos que te *posicionen* para promocionar.

## e) EL MANUSCRITO

El manuscrito también debe cumplir unas características mínimas a la hora de presentarlo, ya sea a una editorial, o a una agencia literaria. Veámoslas una a una:

**PORTADA**: la portada es igual que en la Propuesta de Edición, pero sin reseñar que se trata de una propuesta.

**CUERPO DEL MANUSCRITO**: siempre con páginas numeradas, debe cumplir una serie de requisitos mínimos:

- **TIPOGRAFÍA**: usaremos o Times New Roman o Arial (recomendamos la primera), con cuerpo 12pp. Evitemos las tipografías complicadas, demasiado voluminosas o farragosas.
- **INTERLINEADO**: doble, así facilitamos las tareas de corrección y toma de notas por parte del editor. También debemos *justificar* el texto, para que dé un aspecto ordenado en la página.
- **NÚMERACIÓN DE PÁGINAS**: el manuscrito se debe presentar con todas las páginas numeradas de la forma más fácil y visible. Aconsejamos que se numeren en la parte inferior de la página, centrado.
- **ENCUADERNACIÓN**: siempre se presenta encuadernado, ya sea con espiral (recomendamos), o con "gusanillo".

## f) Mandar la obra a una editorial

De nuevo ha llegado el momento de que dejes por un momento de pensar como escritora y vuelvas a hacerlo como editora. Sí, lo sé. Es difícil.

Plantéate lo siguiente **¿Qué publica la editorial que tienes en mente? ¿Qué publica tu editorial favorita? ¿Por qué?** En el mundo del libro (en el de los negocios en general), es importante diferenciarse; conseguir que tu cliente, tu lector, sea capaz de localizarte y preferirte entre el tumulto que supone la competencia. Por y para eso existen las **líneas editoriales**.

Como elemento de marketing diferencial, no es habitual que las líneas editoriales sean públicas, pues forman parte del secreto del éxito de la empresa. Eso significa que podemos *intuir* cuál es la línea de la editorial X, pero ni nosotros ni la competencia lo sabremos con seguridad.

## LA LÍNEA EDITORIAL

Son las que diferencian a una editorial de otra, a un sello de otro. En ella se recoge el proyecto, el alma de la editorial o del sello editorial. A veces son apenas unas palabras:

*Vamos a editar novela romántica.*

Pero las más veces, por no decir siempre, los requisitos son mucho más extensos. Vamos a ver el ejemplo de una hipotética línea editorial. Independientemente de la calidad de tu obra, si no está dentro de los criterios de selección de esta editorial, a la que hemos llamado X, no podrás editar en ella. El diseño de esta línea editorial sería así:

- Vamos a editar novela romántica.
- De autoras norteamericanas.
- Solo en los subgéneros Paranormal y *Fantasía*.

- Con una extensión entre 120.000 y 150.000 palabras.
- Con alto nivel erótico; relaciones explícitas.
- Con predominio de la acción.
- Que transmitan la visión de la mujer de hoy en día.
- Centrada de forma importante en los diálogos.

Así funciona. Por lo tanto, cuando recibas la famosa carta de "su obra no encaja en nuestra línea editorial", no significa que tu obra tenga mala calidad, sino que no cumple alguno o muchos de los criterios arriba señalados.

**¿Qué debemos buscar entonces si queremos publicar?** Veamos algunas características mínimas que deben cumplir las editoriales a las que nos dirijamos:

- Para empezar deben editar a autoras en nuestra lengua, aunque siempre debemos otear a las que no, por si han cambiado la línea a causa de la demanda (no está de más ser la primera autora en ofrecerse).
- Después, que no estén cerradas al subgénero al que nos dedicamos.
- Y por último, que la extensión de los libros que publican sea parecida a nuestra obra.

A partir de aquí tienes que hacer un trabajo de campo. Sí. Debes buscar cuáles son las editoriales en las que mejor encaja tu obra.

**TRABAJO DE CAMPO**

Debes localizar, ya sea a través de internet, o directamente en las librerías, aquellas novelas cuyos criterios sean lo más parecidos a la tuya.

Para ello te propongo utilizar un sistema de fichas. Primero debemos evaluar nuestra novela. Os adjunto una ficha de valoración rellena con nuestra novela

| FICHA: La amante de Tebas | | Puntos |
|---|---|---|
| Género//sub//sub//... | Novela // romántica// histórica | 10 |
| Extensión | 323 páginas | 13 |
| Novel o publicado / Lengua | Novel/ española | 20 |
| Nivel erótico | Medio | 10 |
| Acción | Media | 10 |
| Diálogos | Alto | 15 |
| TOTAL | | 78 |

**¿Cómo hemos puntuado?** Entendamos primero el sistema de puntuación. Nosotros debemos puntuar nuestra obra para tener una referencia objetiva con las editoriales a las que vamos a mandar nuestro trabajo, por lo tanto nuestra novela tendrá la máxima puntuación en cada campo. **Cuando puntuemos los sellos editoriales, lo haremos en función de si se parecen o no a nuestra obra**.

- **Género//sub//sub**: siempre puntuamos nuestra obra con un +10. Cuando hagamos la puntuación de las editoriales, si no editan este subgénero, las puntuamos con 0.

325

- **Extensión**: puntuaremos con 0,25 puntos cada 25 páginas. Lo que significa que si nuestra novela tiene 323 páginas (323/25=12,92) le daremos una puntuación de 13 puntos, que será la máxima puntuación (como ves, redondeamos). Por cada 25 páginas que la otra de la editorial se exceda sobre la nuestra, restamos 0,25 puntos.
- **Novel/publicado**: daremos 10 puntos por cada apartado (novel/publicado y lengua) a nuestra obra. 20 en total. Cuando comparemos con los sellos editoriales, si el sello elegido edita a autoras que escriben en nuestra lengua, le daremos 10 puntos, si no edita autoras noveles, no le daremos los otros 10.
- **Nivel erótico**: 5 puntos para bajo nivel erótico, 10 para medio y 15 para alto. De la misma manera puntuaremos a las editoriales.
- **Acción**: 5 puntos para bajo nivel de acción (por ejemplo novelas sentimentales), 10 para medio (por ejemplo históricas) y 15 para alto (aventura, o paranormal). De la misma manera puntuaremos a las editoriales.
- **Diálogos**: 5 puntos para pocos diálogos, 10 para medio y 15 para alto. Para comprobar esto podemos simplemente ojear las páginas en una librería y ver si hay o no abundancia de diálogos. De la misma manera puntuaremos a las editoriales.

Y por supuesto después debemos analizar los sellos editoriales de novela romántica y **valorarlos** en función de la ficha de nuestra novela. Vamos a hacer dos ejemplos con dos editoriales (llamémoslas X-1 y X2), y las compararemos con nuestra obra:

| FICHA EDITORIAL X-1 | | Puntos |
|---|---|---|
| Género//sub//sub//… | Novela // romántica// histórica | 10 |
| Extensión | 323 páginas | 13 |
| Novel/ publicado | Novel/ española | 20 |
| Nivel erótico | Medio | 10 |
| Acción | Media | 10 |
| Diálogos | Medio | 10 |
| TOTAL | | 73 |

Si analizamos la editorial X-1, observa que solo cambia uno de los valores en relación en la clasificación de nuestra novela. Se trata de los diálogos, que en esta editorial no son tan importantes como en mi obra. Aun así obtiene una puntación (73) bastante aproximada a mis 78 puntos. **Aquí podría interesar mi obra**.

Veamos la segunda editorial.

| FICHA EDITORIAL X-2 | | Puntos |
|---|---|---|
| Género//sub//sub//… | Novela // romántica// histórica | 10 |
| Extensión | 400 páginas aprox | 16 |
| Novel/ publicado | Consagradas / no españolas | 0 |
| Nivel erótico | Medio | 10 |
| Acción | Media | 10 |
| Diálogos | Medio | 10 |
| **TOTAL** | | **56** |

En este caso vemos más diferencias. Por ejemplo, las obras que publica la editorial X-2 suelen tener una extensión mayor. No editan autoras que escriben en lengua hispana. En general la puntación se aleja de la mía, por lo que tendré menos posibilidades de que me publiquen. Esto significa, que es posible que tenga más posibilidades de publicar mi obra en X-1 que en X-2. Aun así, como en la web de X-2 dice que se aceptan manuscritos, yo mandaré allí mi propuesta.

**LO SIGUIENTE; mandar el e-mail. Esperar. La propuesta. Esperar. El manuscrito. Esperar.**

Una vez que sabemos a qué editoriales podemos mandar nuestra obra debemos empezar con el procedimiento:

- **MANDAR UNA CARTA O UN E-MAIL**: taL y como hemos aprendido antes. La respuesta podrá ser *sí*, o *no*. si es un *sí*, seguimos. Si es *no* o no contestan, cerramos esta vía.
- **MANDAR LA PROPUESTA**: el plazo de respuesta está en unos dos meses, pero siempre dependerá de cada editorial. La respuesta es de dos tipos: *mándenos el manuscrito o no nos interesa*. Si no les interesa cerramos esta vía, si nos piden el manuscrito, vamos en el buen camino y seguimos.
- **MANDAMOS EL MANUSCRITO**: la respuesta también suele tardad unos dos meses. Si nos dicen *sí…* firmamos el

contrato de edición, si es que *no*, cerramos esta vía.

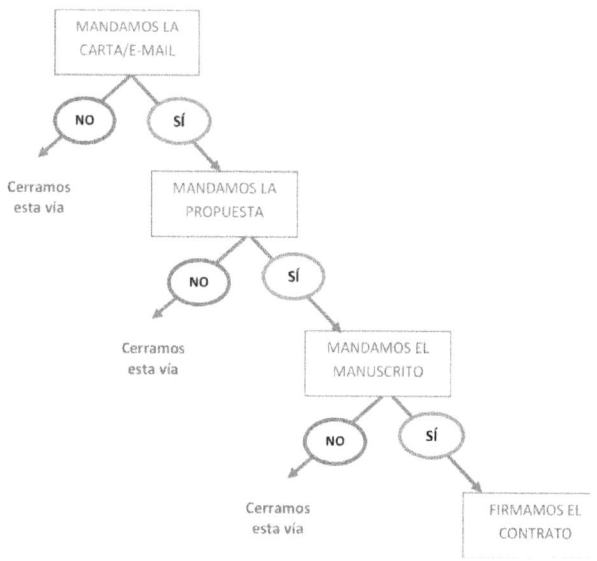

Con este procedimiento es importante llevar un control exhaustivo de las editoriales a las que mandamos nuestra obra y de su respuesta. Lo hacemos mediante dos fichas; una de editorial y otra de control de propuestas enviadas:

| Edit. | Sello | Contacto | Telef. | E-mail | Dirección |
|---|---|---|---|---|---|
| XX | Romance | Ana Pérez | 931 456 778 | info@X X.com | C/Venecia,1 9.8º - 08965 Barcelona |

|  | Carta | Propuesta | Manuscrito. |
|---|---|---|---|
| ENVÍO (XX) | 12/09/2008 | 25/10/2008 | 10/01/ 2009 |
| RESPUESTA (XX) | 22/10/2008 | 8/01/2009 | 24/03/2009 (ACEPTADO) |

Y para terminar este apartado, recordad que debemos entender el envío de material a editoriales como algo importante, exigiéndonos la máxima profesionalidad en el trato. Esa es nuestra tarjeta de presentación.

Veamos un listado de las editoriales de romántica más conocidas en nuestra lengua.

| EDITORIAL | SELLO | E-MAIL | TFNO | DIRECCIÓN |
|---|---|---|---|---|
| Planeta | La Romántica Booket | info@laromanticabooket.com | 932283700 | Avenida Diagonal, 662/664 08034 Barcelona |
| Random House | Cisne | nrigol@randomhousemondadori.es | 933666400 | Travessera de Gràcia, 56-5º 1ª 08021 Barcelona |
| Ediciones B | Ediciones B | opetrus@edicionesb.es | 934846600 | Bailén 84. 08009 Barcelona. |
| Nefer | Nefer | info@editorialnefer.com | 915539980 | Apartado 2071 28080 Madrid |
| Vestales | La educación sentimental | info@vestales.com | +541145448417 | Congreso 50-60 Buenos Aires (Argentina) |

| Planeta | Esenci a | atencionalcliente@plan eta.es | 9322837 00 | Avenida Diagonal, 662/664 08034 Bar celona |
|---|---|---|---|---|
| Random House | Plaza & Janés | | 9336603 00 | Travessera de Gràcia, 47-49 08021 Bar celona |
| Harlequ in | Harleq uin | atencionalcliente@harle quiniberica.com | 9143586 23 | Hermosill a, 21 4° dcha. 28001 Ma drid |
| Grupo Alfagua ra | Mande rley | suma@suma.es | 9174490 60 | Torrelagu na, 60 28043 Ma drid |
| Grupo Alfagua ra | Punto de lectura | info@puntodelectura.es | 9174490 60 | Torrelagu na 60, 28043, Madrid |
| Roca editorial | Puzzle bolsill o | puzzle@puzzle-ediciones.com | 9326872 75 | Avda. Marqués de lArgentera 17 pral.3 08003 Barcelona |
| Roca editorial | Tercio pelo | gmartinez@rocaeditoria l.com | 9326872 75 | Avda. Marqués de lArgentera 17 pral.3 08003 Barcelona |
| Urano | Titani a | pablosomarriba@edicio nesurano.com | 9323755 64 | Aribau, 142 pral, 1ª 08036 Bar celona |
| Harlequ in | Top Novel | info@top-novel.com | 9143586 23 | Hermosill a, 21 4° dcha. 28001 Ma drid |

331

## g) Mandar la obra a una agencia literaria

La mayorías (por no generalizar y decir "todas") de las agentes literarias son mujeres. Su función es la misma que la de un manager en relación a un cantante. Se encarga de:

- Buscarnos editoriales
- Defender nuestros derechos ante ellas
- Velar por el correcto cobro de nuestros royalties
- Vender derechos a otros países

El agente editorial es cada vez más imprescindible; conoce bien a los/as editores/as (de hecho su trabajo tiene mucho de relaciones públicas, de cenas, de cafés, de charlas) y sabe lo que buscan en cada momento.

El agente editorial suele cobrar un porcentaje de nuestros derechos (en torno al 15%). Si vendemos mucho, gana mucho. Si vendemos poco, gana poco. Por lo tanto se preocupará de buscarnos lo mejor.

No suele ser fácil conseguir la representación de un agente. El proceso es el mismo que con una editorial; mandamos e-mail o carta para ver si aceptan nuevos representados, si nos contestan que sí enviamos la propuesta... hasta que nos aceptan el manuscrito y firmamos un contrato de representación que suele ser para toda nuestra producción literaria en una plazo de tiempo determinado.

Este tipo de contratos suele ser en exclusividad, lo que significa que una vez tengamos agente no podemos enviar nosotros la obra libremente a una editorial.

La mayoría de los agentes literarios en nuestra lengua los encontráis aquí, en y así evitamos ocupar varias páginas con una lista interminable.

Hay de todo; agencias fabulosas que consiguen colocar nuestra obra en unos días, y agentes menos brillantes. También nos encontraremos agencias que cobran un canon por valorar nuestra obra. Es aconsejable que antes de dirigirte a una agencia en concreto busquéis información sobre ella. En internet no tendréis dificultades para saber qué opinan otros autores y qué experiencia han tenido. Solo hay que introducir el nombre.

## h) Mandar la obra a premios literarios

Los premios literarios son una tercera opción para que nuestros escritos salgan a la luz. Vamos a ver las ventajas e inconvenientes de estos:

**Ventajas**:

- Suelen ir acompañados de una buena estrategia de comunicación, por lo que nos posicionan bien como autores
- En novela romántica, al menos, sí tienen el objetivo de buscar nuevos/as autores/as, por lo que suelen ser bastante transparentes.

333

- Nos darán a conocer.

**Inconvenientes**:

- Tendrás la novela inmovilizada, ya que suelen incluir cláusula por la que el libro no puede presentarse a otro concurso ni vender los derechos hasta el fallo del premio.

## ALGUNOS PREMIOS ESPECÍFICOS DEL GÉNERO ROMÁNTICO

Estos no son los únicos aunque pueden ser los más representativos. Para conocer sus bases detalladas así como las convocatorias solo debes introducir el nombre del premio en un buscador.

### Premio de novela romántica

Para novelas románticas escritas originariamente en lengua castellana, con una extensión mínima de 250 páginas de tamaño DIN A4, escritas a doble espacio con tipografía Times New Roman de cuerpo 12 (aproximadamente 450.000 caracteres con espacios).

Suelen solicitar que las novelas románticas estén dirigidas a lectores adultos, y por géneros admiten las históricas o de contexto contemporáneo, o las pertenecientes a los subgéneros fantasía romántica, romántica paranormal o romántica erótica. Sin embargo, no suelen admitir novelas de géneros afines como el chick lit o la novela sentimental.

El fallo se suele hacerse público a través de la página web www.rnovelaromantica.com o de www.edicionesb.com durante el mes de diciembre. La cuantía del Premio suele ser de 2.000 euros, y la publicación por parte de Ediciones B en cualquiera de sus sellos.

El plazo de presentación suele estar abierto desde marzo hasta julio.

## Premio de novela romántica Terciopelo.

Actualmente el más veterano de los premios.

Los originales se suelen presentarse bajo seudónimo y con una extensión entre 150 y 350 folios, claramente mecanografiados a doble espacio y por una sola cara.

La dotación del Premio es habitualmente de 2.000 euros en metálico y la publicación en el sello Terciopelo de Roca Editorial. El plazo de admisión de originales suele cerrarse en septiembre.

## Premio Harlequin digital de novela romántica

Un premio literario de novelas del género romántico escrito por autoras de habla hispana.

El plazo de presentación se suele abrir en octubre y cerrar en diciembre. El premio, además de la publicación de obras ganadoras, consiste en 3.000 euros para el primero y 1.000 euros para cada uno de los tres finalistas

Las obras suelen tener una extensión de entre 100 y 300 páginas, en tamaño "DIN A-4", con tipografía fuente "Times" cuerpo "12" e interlineado doble.

## Premio de novela wiki RA

Para novelas románticas escritas originariamente en lengua castellana, con una extensión mínima de 175 páginas de tamaño DIN A4, escritas a doble espacio con tipografía Times New Roman de cuerpo 12 (aproximadamente 275.000 caracteres con espacios). Se pide que las novelas románticas estén dirigidas a lectores adultos, y pertenezcan a cualquiera de los subgéneros que existen: fantasía romántica, romántica paranormal, romántica erótica, chick lit o novela sentimental entre otros

La cuantía del Premio es de 500€, suma que se considerada como anticipo por la cesión, en exclusiva, de todos los derechos de edición a EDICIONES KIWI, que es quien la publica.

El plazo de presentación encontrarse entre julio y septiembre.

## i) Autoedición

La autoedición tiene una ventaja fundamental; nos permite ver nuestra obra a disposición de los lectores sin necesidad de intermediarios (editoriales, agencias, premios).

Lo más fácil es la edición en formato digital (eBook) para su venta a través de cualquiera de las plataformas que para tal menester están a tu disposición en la Red. Con las nuevas tecnologías, es una opción que está funcionando realmente bien. Para que te hagas una idea; las ventas están en claro crecimiento. De 2 millones de euros en 2011, la facturación se ha multiplicado por 6 en 2012, y en lo que llevamos de 2013 el crecimiento acumulado es del 106%.

Amazon pone a tu disposición Kindle Direct Publishing (KDP), una plataforma de autoedición que te permite subir un libro y venderlo a nivel mundial mediante la web Amazon en muy pocos pasos. No me extenderé más porque en la tienda Amazon puedes descargarte de forma gratuita varios eBooks sobre cómo editar en esta superlibrería online.

Otra opción es Casa del libro, donde igualmente puedes subir tu manuscrito siguiendo una serie de pasos muy sencillos. Igualmente disponen de una herramienta para la edición de tu obra que te permitirá poner tu novela a la venta en pocos clics. En este caso deberás abonar 50,00€ en concepto de gestión del ISBN, no necesario en el ejemplo anterior.

En papel, las fórmulas más habituales son la coedición (cuando se hace a través de una editorial que, a cambio de una cantidad de dinero, publica y se supone que distribuye la obra), y la autoedición propiamente, en la que todo lo hace el autor, subcontratando o no servicios.

Al igual que todo en este manual, nosotros vamos a ver la autoedición como una herramienta que nos permita publicar en un futuro con una editorial. La vamos a ver como un paso intermedio. Y vamos a verlo haciendo tú misma todo el proceso.

## PASO 1: Maquetar el documento y pasarlo al formato adecuado.

Es lo primero que debemos hacer. Para ello podemos usar directamente nuestro procesador de texto (Word, Open Office, etc.). Si vamos a publicar un eBook (Amazon, Casa del Libro, etc.) debemos seguir una serie de pautas para dar el formato necesario, ya sea PDF, ePub o Mobi, los más habituales. En este caso te remito de nuevo a los manuales de descarga gratuita en Amazon ya que son muchas las características necesarias y alargaríamos innecesariamente este manual.

Si vamos a autoeditar en papel, debemos pasar nuestro manuscrito a PDF, ya que al llevarlo a imprenta esta es la única forma de que no haya variaciones con el original. Hay una herramienta muy sencilla para hacerlo. Es PDF Creator. Solo tienes que descargar el programa e instalarlo. Por favor, cuando instales algo en tu ordenador no olvides tener activado un antivirus.

## PASO 2: subir el archivo a la plataforma online seleccionada o imprimirlo bajo demanda.

Si decides vender eBooks no habrá riesgo económico ya que las tiendas online cobrarán una comisión sobre tus ventas (entre el 30% y el 65%), por lo que no tendrás que invertir al principio. Si decides vender en papel sí tendrás que hacer una pequeña inversión, aunque bastante soportable. Te recomendamos en este último caso que utilices www.Lulu.com , o www.blurb.com . Ambas son fáciles, intuitivas y están bien de precio. Te permitirán elegir portadas o mandar fotos o dibujos. Incluso puedes componerlas y ver cómo queda.

**PASO 3: registrarla en el ISBN.**

El registro del ISBN solo debe solicitarse si la obra va a ser comercializada y tanto para libros en papel como para eBooks. Solo no es necesario en Amazon.

Como autora, tienes la posibilidad de solicitar un número único del ISBN sin necesidad de ser una empresa. El proceso es facilísimo y puedes encontrarlo perfectamente descrito en la Agencia de ISBN.

**PASO 4:** si lo vemos necesario, podemos intentar ubicar nuestra obra en papel en algunos puntos de ventas. A través de una distribuidora puede ser complicado; suelen admitir solo clientes que tengan una perspectiva amplia de edición. Pero podemos hacerlo a través de librerías; una o dos en nuestra ciudad, o en nuestra comunidad autónoma, quizá alguna en otras ciudades.

Como ves editar por ti misma no es difícil, y sobre todo con las ediciones en eBook, casa vez en mayor expansión, es realmente fácil.

## j) Para terminar

Una vez que esté tu libro (en eBook o en papel) en la calle, tu trabajo como escritora no ha terminado. Cada vez más, y puedo dar fe de ello, el éxito de un autor depende en gran medida de su capacidad de gestionar su reputación y a sus lectores. Hay excepciones, por supuesto, pero observa cómo es frecuente que los autores tengan blogs, páginas web, participen activamente en las redes sociales, acudan a encuentros, conferencias, talleres, etc.

En este sentido permíteme que te aconseje dónde puedes estar:

- **BLOG**: es necesario que tengas un blog, pero siempre y cuando seas capaz de generar información útil para los demás. Puedes compartir tu obra, tus experiencias, tus capacidades. Lo importante es compartir e intentar conectar con los demás.

- **FACEBOOK**: importante en tanto que te permite tener amigos y desarrollar sin límite de extensión tus propios textos y comentarios. Es quizá la red social más útil para un escritor, aunque Twitter le pisa los talones.

- **TWITTER**: En este caso el límite de caracteres no es un inconveniente (140). Pues se suple con la inmediatez con que puedes conectar con tus seguidores.

- **PINTEREST**: es de las más interesantes si te gustan las imágenes. Te permite interactuar y posicionar tu obra con facilidad.

- **GLOOGLE PLUS**: no podemos olvidarla. Aún no está en su máximo desarrollo pero tiene enormes posibilidades para apoyar a un escritor.

Para terminar permíteme exponerte dos casos de éxito como ejemplo de lo que puede ser hoy día la carrera de un escritor:

## CASO 1: MEGAN MAXWELL

Cuando me llegó su manuscrito no podía creer que ninguna otra editorial la hubiera descubierto antes. Me pareció fresco, divertido y muy bien construido. Yo le publiqué su primera novela (*Te lo dije*) y a partir de ahí su carrera ha sido meteórica (*Te lo dije (2009), Deseo concedido (2010), Fue un beso tonto (2010), Niyomismalosé (2011), Te esperaré toda mi vida (2011), Las ranas también se enamoran (2011), Olvidé olvidarte (2012), ¿Y a ti qué te importa? (2012), Desde donde se domine la llanura (2012), Los príncipes azules también destiñen (2012), Pídeme lo que quieras (2012,) Casi una novela (2013), Pídeme lo que quieras ahora y siempre (2013), Pídeme lo que quieras o déjame" (2013)*. Al día de hoy quizá Megan Maxwell sea la autora del género en nuestra lengua más leída y no ha hecho nada más que empezar. Creo que en un futuro no muy lejano aún nos sorprenderá más.

Considero que el éxito de Megan se cimenta en tres pilares:

1. Su capacidad para crear historias originales, bien escritas y muy adictivas.

341

2. La intuición para escribir en cada momento lo que el lector demanda (si observas la evolución en subgéneros de su obra lo puedes comprobar).

3. Su constancia conectando con sus lectoras. Si observas la actividad en redes sociales de Megan es continua y constante, lo que por un lado le permite aumentar el número de lectores y por otro estar al tanto de lo que demandan.

Creo que Megan Maxwelll es un buen ejemplo de una carrera literaria bien trazada y por supuesto alguien a quien seguir de cerca.

## CASO 2: ISABEL KEATS

Aunque no tengo el placer de conocerla personalmente sí la sigo de cerca desde hace tiempo y me parece que lo está haciendo realmente bien.

En este momento es una autora tremendamente activa en redes sociales (consejo que le dieron desde Harlequin Ibérica y que ella siguió con excelentes resultados), lo que le ha permitido tener gran número de seguidores. Primero quedó finalista del *I Premio de novela Harlequin* con la obra *El protector* (este premio creo recordar que ya no se convoca). Un año después de su publicación, fue de nuevo finalista, en este caso del *III Premio Vergara-RNR*, aunque la novela no se publicó. Según me cuenta Isabel "un poco desesperada, autopubliqué *Algo más que vecinos* que tuvo un éxito instantáneo en Amazon y Itunes (un montón de días en el TOP 10)" Más tarde ganó el HQÑ digital (de

Harlequin Ibérica) con la novela *Empezar de nuevo* y fue entonces cuando Ediciones B decidió publicar su novela paranormal *Abraza mi oscuridad,* que te recomiendo encarecidamente desde aquí. Observa que Isabel Keats **ha utilizado los premios literarios como herramienta de posicionamiento** como escritora. Aun así, me dice la autora "Sin embargo, sigo considerando que la decisión de autopublicar ha sido la mejor que he tomado." Al día de hoy ha dado un nuevo salto y Harlequín, le ha publicado en papel (aparte de *El protector) Algo más que vecinos* y este otoño saldrá *Empezar de nuevo.* También es Isabel Keats una autora que hay que seguir de cerca porque nos va a dar muchas satisfacciones.

Dos autoras distintas como botón de muestra. Dos maneras diferentes de acercarse al público lector.

## K) Resumen del capítulo 12

1. Aconsejamos encarecidamente que registres tu obra en el Registro de Propiedad Intelectual. Te hemos indicado cómo hacerlo.
2. Hemos visto el proceso para presentar una obra. Primero una carta o e-mail de presentación. Después el envío de la propuesta. Por último mandamos el manuscrito
3. Debemos ser conscientes de la importancia de la portada de la propuesta; es lo primero que se ve; lo que decide si se leerá antes que otra.

4. Podremos mandar nuestra obra a editoriales, a agencias, a premios, o podemos autoeditarla.
5. También hemos visto un método para valorar la afinidad de nuestra obra con los diferentes sellos editoriales.
6. Por último, hemos visto la posibilidad de autoeditar, ya sea en eBook o en papel.
7. Al final hemos visto dos casos de éxito que pueden inspirarte.

## k) Un ejercicio para cimentar los conocimientos de este capítulo:

1. Elabora una propuesta de edición de tu novela.

**Gracias por leerlo**

Si después de leer este manual, **necesitas profundizar en la escritura de tu novela**, tienes a tu disposición mi curso:

## >>Triunfa con tu novela romántica<<

- 17 vídeos tutoriales, paso a paso.
- Materia didáctico descargable.

5 BONUS#:
- ✓ 1# Escribir son bloqueos
- ✓ 2# Aprende a trabajar el erotismo.
- ✓ 3# Cómo emocionar al lector
- ✓ 4# Cómo enviar tu novela a una editorial
- ✓ 5# Vivir de escribir

Escanea el obtén toda la  código QR y información